古代美術史研究

五 編

第 2 冊

民族圖像的審美敘事建構
——中國史前岩畫藝術的美學闡釋（下）

劉 程 著

花木蘭文化事業有限公司

國家圖書館出版品預行編目資料

民族圖像的審美敘事建構——中國史前岩畫藝術的美學闡
釋（下）／劉程 著 -- 初版 -- 新北市：花木蘭文化事業有限
公司，2022〔民111〕
目 18+170 面；19×26 公分
（古代美術史研究　五編；第 2 冊）
ISBN 978-626-344-089-0（精裝）
1.CST：中國美學史 2.CST：岩畫
618　　　　　　　　　　　　　　　　　　　111010288

ISBN-978-626-344-089-0

古代美術史研究
五 編 第 二 冊　　　　　　　ISBN：978-626-344-089-0

民族圖像的審美敘事建構
——中國史前岩畫藝術的美學闡釋（下）

作　　者　劉程
總 編 輯　杜潔祥
副總編輯　楊嘉樂
編輯主任　許郁翎
編　　輯　張雅淋、潘玟靜　美術編輯　陳逸婷
出　　版　花木蘭文化事業有限公司
發 行 人　高小娟
聯絡地址　235 新北市中和區中安街七二號十三樓
　　　　　電話：02-2923-1455／傳真：02-2923-1452
網　　址　http://www.huamulan.tw 信箱 service@huamulans.com
印　　刷　普羅文化出版廣告事業
初　　版　2023 年 3 月
定　　價　五編 21 冊（精裝）新台幣 75,000 元　　版權所有・請勿翻印

民族圖像的審美敘事建構
——中國史前岩畫藝術的美學闡釋(下)

劉程 著

目

次

插圖和附表清單

注：本書基於圖片清晰度的角度，主要從《中國
岩畫全集》這本著作中選取，其他的著作也
兼而有之在此向圖錄中出現的作者與出版社
致以誠摯的謝意！

第三章　史前岩畫構圖的審美闡釋

　　史前岩畫構圖是先民為了展現不同的母題而進行的一種視覺創構活動。先民利用不同的構圖方法把造型形象有序地布置在畫面的某個位置上，使這些被聚攏的圖像呈現出作者所要表達的意旨或者巫術情感寄託，形成了具有一定審美「意味」的視覺畫面。史前岩畫的構圖特徵不僅承載著先民的審美意識和審美體驗，同時也為中國後來的傳統繪畫提供了某些可以借鑒的方法與規則。

第一節　構圖形式

　　中國史前岩畫的構圖是傳統繪畫構圖的源頭，更是我們繼承先民繪畫精神來發展自身繪畫藝術的重要視覺經驗。先民把岩畫母題通過適合的構圖形式轉化為可視的視覺畫面或形象，在岩石表面上形成了重疊、秩序、動靜等多種構圖形式，這些別具特色的構圖形式為我們詮釋那個時代的社會內容和民俗民風提供了重要的參考資料。

一、重疊

　　原始先民利用重疊構圖去呈現作者所要表達的空間意圖，以一種重疊式的視角讓我們重新建構古代先民的生存秩序和有空間性的世界圖像之美。這種嶄新的語言敘事法則和表達方式，體現了濃烈的主體思維意識。先民試圖通過形象的疊加，去凸顯原始物象的本來面目，去闡釋他們內心中具有生命之氣的「第二自我」。

　　重疊是史前岩畫構圖中一個重要的形式。重疊構圖是運用一種比較經濟、比較方便、比較快捷的構圖形式來表現宏大氣勢的群眾場面。〔註1〕中國岩畫構圖多採用並置的方式將圖像有序的排列在岩石表面上，而西方的岩畫畫面上採用重疊構圖的現象較多，諸如「相互疊壓的現象在拉斯科洞窟大量存在著，僅就前洞和與他相聯的走廊的岩畫中，即可辨認出疊壓之處達 14 層之多」〔註2〕。在史前雲南滄源岩畫中「圖形有重疊現象，一塊崖壁往往畫過許多次」〔註3〕，西藏任姆棟岩畫區域「可以看到各期岩刻的重迭現象，諸如中期的狗覆蓋在早期的圖像上，晚期的豹重刻在中期的羚羊身上，或是晚期的鹿疊壓在中期的鹿上」〔註4〕，烏蘭察布岩畫區除一部分較寫實外，其餘有的是把若干不同的圖形連在一起，有的將其簡約或變形，還有的則呈現上下交疊狀態。這些重疊構圖有的是製作者主觀將圖像形成關聯性，有的就是一種遊戲心態，有的可能是祈求豐產的巫術，還有的表現宗教巫術或者帶有記錄和回憶的功能。不管是何種重疊都是實現先民內心圖式（空間與祈求豐產的巫術行為）的重要路徑。重疊不會使得前後兩個物象的完整性受到損失，這有利於我們深入探索史前原始先民的審美旨趣。如新疆呼圖壁的生殖岩畫局部（圖82），整個畫面採用了舞蹈者之間相互重疊的構圖形式，有的男性疊壓在女性的下方，有的女性疊壓在男性的下方，雙方都在前者的造型邊緣露出來其局部造型，如大腿或性器等，圖像之間的相互遮擋足以引發欣賞者豐富多彩的聯想和想像。

〔註 1〕朱狄：《雕刻出來的祈禱：原始藝術研究》，武漢：武漢大學出版社 2008 年版，第 450 頁。

〔註 2〕陳兆復、邢璉：《外國岩畫發現史》，上海人民出版社 1993 年版，第 45 頁。

〔註 3〕汪寧生：《雲南滄源崖畫的發現與研究》，北京：文物出版社 1985 年版，第 19 頁。

〔註 4〕陳兆復：《中國岩畫發現史》，上海：上海人民出版社 1991 年版，第 172 頁。

圖 82：新疆昌吉回族自治州呼圖壁縣康家石門子岩畫

來源：《中國美術分類全集》編委會：《中國岩畫全集》（西部岩畫 2），瀋陽：遼寧
　　　美術出版社 2006 年版。

　　先民利用重疊構圖來表現空間關係。史前岩畫是刻繪在岩石之上的，岩
石是平面，所以史前先民要在平面上憑藉著「重疊的方法來解決透視問題」
〔註 5〕，即利用形象之間的疊加去表現遠近空間結構。藝術家一般將簡化的物
象以輪廓化的方式呈現在岩石表面上，岩畫中往往幾個物象相互遮擋，這就
造成了物象之間的前後排列。先民一般將前面的物象在造型繁密上、比例以
及強烈動勢上區別於後者，並用寥寥數筆將物象的前後空間層次清晰的表現
出來。他們通過自己對空間的穎悟，把「掩蓋與被掩蓋所具有的那種特有的」
〔註 6〕空間前後性質呈現出三度空間。美國心理學家、藝術理論家魯道夫·阿
恩海姆（Rudolf Arnheim）認為：「我們之所以能夠在一幅平板畫上看到深度
層次，是因為我們在觀看這種畫時無意識地聯想到了我們平時觀看物理空間
時的經驗。當我們在畫中看到重疊式樣的時候，可以根據自己以往的經驗，

〔註 5〕陳兆復、邢璉：《原始藝術史》，上海：上海人民出版社 1998 年版，第 114 頁。
〔註 6〕〔美〕魯道夫·阿恩海姆：《藝術與視知覺》，滕守堯、朱疆源譯，成都：四
　　　　川人民出版社 1998 年版，第 147 頁。

認識到這兩件互相重疊的物體之間的空間關係。」〔註7〕他又接著說：「重疊在決定各物體在第三度中的順序方面，就有這特殊的價值。對於某些畫家來說，創造空間的最好的辦法，就是通過互相重疊著的事物組成連續性系列。」〔註8〕從阿恩海姆的話語中，我們發現重疊就是保持著物象一前一後的疊壓關係，使物象與物象之間存在著有秩序化的、有數字關係的排列，如一、二、三等等。每一個物象都是相互重疊，而不是相互獨立的，它是通過物象的兩個相互交叉點來確定空間關係的存在。例如大西峰溝岩畫點上有一幅老虎岩畫，畫面的最前面是一隻體形飽滿、身軀內裝飾花紋並張牙咧嘴的老虎，占整個畫面的一半以上，在其腳下與後面的一隻山羊相互重疊，山羊比例小，就呈現向後移動，而老虎的造型都呈現出向前進的空間意味。再如黃羊灣岩畫中的一幅作品，這幅作品從近處到遠處有三個物象，近處的一隻動物疊壓在第二隻動物之上，這就形成了平面上的空間遠近關係。這種關係不是現實化，而是一種虛幻性的三維呈像。而第二隻動物又疊壓在第三個人物的腳上，這就構成了一個連續性的平面空間。「這種前後關係無須有光線、明暗變化的真實，人的視覺會自然而然地以重疊方式加以阻止，成為實際空間中所對應的邏輯關係。」〔註9〕所以說，先民們憑藉著疊加的構圖方式將畫面中的形象由遠及近的呈現出來，營造了一個三維立體化的虛擬空間。

重疊構圖在中國史前岩畫中具有較強的宗教巫術性質。在新疆阿勒泰的岩畫中，我們發現在岩石表面上曾經繪製出從上到下很多層次的結構，這些畫面結構相互重疊。顯然這些「亂塗亂畫」絕不是出於娛樂或者好玩，而是與宗教巫術相關聯的，體現著原始人類對神靈的崇拜和對物象的佔有。在他們看來，這種重疊就是為了狩獵的成功或者其他的宗教巫術形式。〔註10〕在陰山岩畫的一幅作品中，作者在畫面的左上角處刻繪了兩個作舞蹈狀的人形，兩個人相互疊加，似有巫術交媾含義，這些圖像通過重疊的形式來產生一定的巫術功效。因為他們認為「那個地方是有求必應之地，於是人們反覆

〔註7〕〔美〕魯道夫·阿恩海姆：《藝術與視知覺》，滕守堯、朱疆源譯，成都：四川人民出版社1998年版，第333頁。

〔註8〕〔美〕魯道夫·阿恩海姆：《藝術與視知覺》，滕守堯、朱疆源譯，成都：四川人民出版社1998年版，第332頁。

〔註9〕馮民生：《意象與視像——中國山水畫與西方風景畫空間表現比較研究》，北京：中國社會科學出版社2015年版，第110頁。

〔註10〕〔蘇〕A·A·福爾莫佐夫：《蘇聯境內的原始藝術遺存》，路遠譯，西安：陝西師範大學出版社1992年版，第61頁。

在那裡描繪著圖形。」〔註11〕H・布勒伊早就發現在加加（Gargas）洞穴內的動物形象被彎彎曲曲的線條裏挾著難解難分，這種線條就伴有巫術情感的注入。或者說，畫面的重疊意味著史前人類在對圖像刻繪之前，就將帶有宗教巫術的象徵特質巧妙的滲透到即將要刻繪的畫面之中，只不過他們是通過畫面中的重疊圖像去呈現罷了。再如，在非洲的阿爾及利亞的阿傑爾岩畫中有一幅帶有男性生殖器的女性像（圖83），畫面中男性的生殖器與女性的身軀重疊了，分不清哪個在前哪個在後，圖中女性雙腿分開，男性的生殖器好似進入到女性的軀體內一般。顯然，這幅作品希望通過圖像的重疊來祈禱人丁興旺的生殖思想。朱狄在《原始文化研究──對審美發生問題的思考》一書中這樣說：「形象的重疊也被是巫術的一種重要跡象。」〔註12〕牛克誠先生也認為：「在原始藝術品中，圖像間的重疊、累積痕跡證明了這些圖像是在一個個巫術動作、巫術儀式中而層進形成的。」〔註13〕在這裡，朱狄和牛克誠都認為古代岩畫中的形象重疊是一種宗教巫術的外在體現或者巫術的凝固化，先民進行重疊的岩畫刻繪是一種特殊的巫術行為。

圖83：阿爾及利亞阿傑爾高原岩畫

來源：李祥石：《世界岩畫欣賞》，銀川：寧夏人民出版社2017年版。

〔註11〕蓋山林：《中國岩畫學》，北京：書目文獻出版社1995年版，第208頁。

〔註12〕朱狄：《原始文化研究──對審美發生問題的思考》，北京：生活・讀書・新知三聯書店1988年版，第312頁。

〔註13〕劉長宗主編：《91國際岩畫委員會年會暨寧夏國際岩畫研討會文集》，參見牛克誠：《「力」的空間與「神」的空間──北系岩畫的布局特點及其與巫術、宗教相聯繫的使用》，銀川：寧夏人民出版社2000年版，第352頁。

　　藝術家利用不同物象的相互重疊來體現某種巫術行為，似乎在向世人宣告自身有著非凡的神力。他們所創造的圖像是由一個個的巫術動作和儀式構築而成的，是一種神聖的象徵，體現著原始巫術的力量。當然，這一切都是由岩畫重疊構圖所決定的。如在新疆阿勒泰市郊區奶牛場的《羊鹿群像圖》（圖84），畫面中的直線互相交叉，形象與形象之間形成了粗細、疏密對比，有的地方被史前人類刻畫了很多次都完全密集起來，人類借助於岩石上的形象去控制自己在實際生活想要獲取的東西。整個岩面上刻繪了不少於幾百個站立的動物形象和人物形象，它們都互相重疊，這顯然不是對物象的原有形象的模擬和寫生，更不可能把幾百個形象利用重疊的方式刻繪在一個岩石之上，而是一種巫術的意圖表達。

圖84：新疆阿勒泰郊區牛奶廠岩畫

來源：《中國美術分類全集》編委會：《中國岩畫全集》（西部岩畫2），瀋陽：遼寧
　　美術出版社2006年版。

　　視上所述，重疊構圖是原始先民展示史前生活面貌的一個重要方式，是先民對現實空間最大化的提煉和概括，體現先民對於空間縱深觀念的理解和穎悟。先民對岩畫形象進行有區別、有秩序、有層次的創構，形成了一定的前後空間層次，展現了他們對於原始宗教巫術的崇拜和探索。先民將藝術圖像來代替自然物象，把萬物有靈的原始思維滲透到岩畫作品中，由此呈現了神秘而又詭異的巫術和宗教崇拜活動。

二、秩序

　　秩序性是由於史前先民在生產和生活中通過對自然規律的觀察和體會而得到的。日月輪流的交替，動植物漸進式的成長以及春夏秋冬四季有秩序的呈現，這些都使得創作者內心在構圖的時候有意將岩畫形象的排列體現出一定的規矩和秩序。我們從南北方岩畫中發現，無論是凹穴、舞蹈、交媾以及放牧等題材的畫面，均呈現出一種秩序性。這種秩序性高度體現了先民的構圖意識和審美精神，並集中體現在他們對於人神、天地、高低以及大小等元素的考量方面。

　　在各類岩畫的構圖中，原始先民將生命精神歸結為一種秩序感。如雲南麻栗坡的大王岩畫（圖85），整幅畫以兩個巨大身形的人物為中心，這個人物不但體積大，而且身體的裝飾細節顯然比其他周圍的物象更加複雜，在其下面有非常小的動物或人物形象，畫面呈現以中心向外發射、以大到小或者以大統領整個畫面的秩序結構。先民將不同形象按照一定的等級秩序排列在畫面之中，或大或小，或高或低。這種秩序是一種基於先民原始思維的視角來判定的，是一種摻雜著主觀情感與巫術意願的知識體系。他們通過這種「有意味」的秩序結構，去建構適合自己氏族部落的社會生活。再如，在雲南滄源岩畫中的舞蹈者都是排著整齊的隊伍或者圍成一個圓圈跳舞，這本身也體現了一種秩序性。先民在捕猴的時候也講究先擾亂動物，製造動靜，動物受到驚嚇就向上跑，獵人就在上面設置了一個網。這些具有秩序化的視覺圖像頻頻出現在原始岩畫中，每一幅岩畫都用秩序性去講述原始先民周圍的生活規則。

圖 85：雲南麻栗坡大王岩畫

來源：《中國美術分類全集》編委會：《中國岩畫全集》（南部岩畫 2），瀋陽：遼寧
美術出版社 2006 年版。

第一，在動物秩序排列上。除去個別零散的動物，大多數的動物排列均呈現前後直線排列、豎式排列、以大帶小或者若干動物相互疊加在一起，進而將作者對物象的情感通過有序的形式呈現出來。比如為了展示動物的交配關係，先民將動物排列成一前一後；表現動物之間的親密性，就將動物排列成兩頭相對。如新疆伊吾縣前山鄉烏勒蓋岩畫中的一幅放牧岩畫，畫面中的動物均呈現豎式排列，從下向上逐漸變小。這種具有秩序性的隊列編排，呈現出了作者基於巫術儀軌或者巫術信仰而形成的觀念。我們可以將這種被原始人類賦予岩畫表面的某種排列稱之為一種宗教禮儀性的秩序，從而形成了原始社會超自然的信仰力量。當然，這些排列形式與當地的風俗也有著緊密的聯繫。

第二，在人物秩序排列上。在北部和西部的岩畫中，人物多以騎馬的形象出現在畫面裏，人物所在的位置都是圍繞著捕獵活動而進行有序布置的，並有意穿插在各種較大動物體形的周圍，動物比較突出，而人物在體形上均屬於動物的陪襯。在南部的岩畫中，人物均是按照某個類別統一起來進行排列，如跳舞都是橫與豎排或者圓圈排列，或者所有的人物形象都圍繞著中間一個人排列。如勞作就在最前面一個安置一個人，後面緊跟著牛。行進的人群

也是排成排，有秩序的向前進等等。還有的人物排列是將一個大人物放置在視覺的中心，其體形略大於周圍的人物形象。如廣西花山岩畫中的眾人以及中間的大人物。還有反映生殖相關的跳舞，那麼就要採用上下、前後、兩兩相對以及隊列或者環形排列，如津巴布韋薩薩地區的隊列舞蹈人物，〔註14〕所有的人物形象前後排列，呈現有秩序的橫向排列。

再如，內蒙古陰山岩畫中連臂舞的人物形象，畫面中四個人物手牽手一起舞蹈，每一個人物兩腿之間的性器官被作者誇張很長，與人物形象的手臂相連接。類似的作品還有寧夏賀蘭山、新疆富蘊唐巴勒塔斯洞穴岩畫以及雲南大理洞穴岩畫等。針對這種類型的隊列或者環形舞蹈，著名的人類學家格林・艾薩克（Glynn. Issac）在《科學美國人》（Scientific American）雜誌上就提出「食物分享」理論。〔註15〕該理論認為，一種食物放在營地，食物作為一個中心點，而人物則圍繞著食物進行分享。這種有秩序的排列「不僅是對原始公有制這樣一種抽象『公共』概念的表達，同時也是氏族部落等某一社會組織中『公共』或『共同』關係的體現。」〔註16〕他們通過這種隊列或者環形的形式，去表現一種原始社會的禮儀秩序或者某些「規則」、「慣例」、「協議」等等形式〔註17〕，以前後的順序性形成具有宗教的約束力和某種契約關係，用前後的秩序來表達先民對於這種宗教和契約的遵守。如廣西花山岩畫的人物排列具有一定的秩序美（圖86），他們以一個巫覡為中心，所有的人物形象都朝向或者轉向這個人物。人物與人物之間呈現橫排模式。為了凸顯中心人物的重要性，就將其比例誇大，將其排列在畫面的中上部，以備人們能頂禮膜拜。又如新疆石門子呼圖壁岩畫中的女性排列，畫面中最右邊的人物形象最大，依次向最左邊逐漸變小，形成了右寬左窄的視覺效果。不管岩畫是以何種秩序排列，都蘊含著古代先民對於原始宗教巫術的渴求，以這種秩序性的排列去表現原始思維狀態下先民對某種自然秩序的巫術控制，以及彰顯原始社會區別於動物世界的社會性特徵。

〔註14〕湯惠生、張文華：《青海岩畫：史前藝術中二元對立思維及其觀念的研究》，北京：科學出版社 2001 年版，第 154 頁。

〔註15〕G. Isaac. *The food-sharing behavior of protohuman hominids*. Scientific American, 1978.vol, 238 (4), pp.90~108.

〔註16〕湯惠生、張文華：《青海岩畫：史前藝術中二元對立思維及其觀念的研究》，北京：科學出版社 2001 年版，第 148 頁。

〔註17〕〔澳〕加里・特朗普：《宗教起源探索》，孫善玲、代強譯，成都：四川人民出版社 1995 年版，第 212 頁。

圖 86：廣西左江花山岩畫（局部）

來源：《中國美術分類全集》編委會：《中國岩畫全集》（南部岩畫 1），瀋陽：遼寧
美術出版社 2006 年版。

第三，史前岩畫的構圖呈現出原始信仰的秩序性觀念。在內蒙古曼德拉
山上有一幅《放牧與騎者》的岩畫，畫中體形較小的騎者被作者穿插安置在
數個體形高大的動物之間，三個體形高大的動物形象呈現三角形，穩穩的佔
據著整個畫面的視覺中心。在原始岩畫中，動物岩畫形象在整個岩畫畫面中
佔有著重要的比例，不管在北方還是在南方的岩畫點，動物形象佔據作者重
要的心理位置和畫面位置。

而且，動物的形象經常處在岩畫畫面的中心位置。在史前萬物有靈的社
會裏，動物是先民衣食生存的主要來源。因此，先民對動物抱有至高無上的
精神信仰。其次就是一些被作者有意縮小的人物形象或者更次要的小型動物
形象，如狐狸、狗或者狼，它們的位置始終被先民布置在畫面的角落或者被
受眾的視覺容易忽略的地方。而且，每一個被縮小的形象均靠近被誇張的動
物周圍，以小襯大，這樣就形成了原始先民以大型動物作為首要的信仰秩序
觀念。如甘肅四道鼓心溝的一幅岩畫（圖 87），畫中一頭野牛被作者誇大，

其比例遠遠大於人以及下面的動物，古代先民把大的動物放置在視覺最容易看到的地方，鮮明地反映了史前社會原始天地萬物的宇宙秩序觀。

圖87：甘肅嘉峪關市黑山四道鼓心溝岩畫

來源：《中國美術分類全集》編委會：《中國岩畫全集》（西部岩畫1），
瀋陽：遼寧美術出版社2006年版。

　　第四，史前岩畫的構圖具有視覺秩序性。在史前岩畫的構圖中，除去單個的物象之外，凡是有兩個以上的物象所構成的岩畫均呈現了視覺秩序性。先民一般將各種形象有目的的刻繪在岩石表面之上，去敘述一個故事或者情節。首先，先民要凸顯畫面的中心形象，這個形象一般在技術層面、誇大、疏密以及點、線、面上都與其他的形象有著明顯的區別，可以使得受眾很輕易的將中心形象與以外的形象相互區別。如在寧夏地區大麥地岩畫中有一幅《虎食羊》的岩畫（圖88），作者為了表現前面老虎的形象，就將老虎的體形故意誇大，讓其呈現的視覺量要遠遠大於下面的小羊的視覺量。而「羊」則只勾勒了輪廓。作者在刻繪老虎形象的時候則運用了繁雜的波折幾何線。所以說，作者將中心形象列為第一視覺畫面，將那些不重要或者起著陪襯作用的對象列為第二視覺畫面。對於後者作者一般會採用簡略、縮小以及較疏的刻繪形式，從而與第一視覺中心拉開距離。

圖 88：寧夏中衛市東園鄉北山大麥地岩畫

來源：《中國美術分類全集》編委會：《中國岩畫全集》（西部岩畫 1），
瀋陽：遼寧美術出版社 2006 年版。

　　總而言之，中國史前岩畫中的秩序性體現了原始先民遵循自然規律、尊重宗教儀軌的審美觀念，他們在構圖的過程中，以大小、長短、遠近等方面作為凸顯畫面內容的重要切入點，從而使有序排列的藝術形象呈現出某種巫術力。這種秩序往往超越了個體的審美心理，將一些主觀情感傾注於畫面之中，並進行有序地布置與排列，把這些形象構建成具有深遠意味的岩畫藝術。

三、動靜

　　遍布在中國境內的史前岩畫，我們可以發現這些岩畫的構圖方式具有動中有靜，靜中有動，動靜相合的審美視覺特徵。「動」與「靜」是中國古代美學反映藝術家精神狀態與審美心理的一對範疇。「動」強調運動、變動。「靜」則指安靜和靜止。在動態中活靈活現的展示物象的生命精神情狀，在靜態中呈現物象安靜祥和的生命氣象。或者說，在「動的過程中追求捕捉那一瞬間的姿態，靜的表現中體現的一種似動非動、欲動未動的狀態」〔註 18〕，從而使得中國史前岩畫形成了一個和諧的畫面整體。

〔註 18〕朱志榮、朱媛著：《中國審美意識通史》（史前卷），北京：人民出版社 2017
　　年版，第 147 頁。

　　第一，原始先民完全依靠物象自身的姿勢來呈現動靜關係。中國史前岩畫的藝術家在對物象進行現實觀察的時候，親眼看到了物象中的動與靜，這些物象的動與靜體現著主體對宇宙生命穎悟的結果。先民在刻繪岩畫形象的時候，往往用最簡潔的二維剪影方式去呈現物象的姿勢。或者說，通過誇大物象的局部特徵或軀體面積，簡化細節，來描繪藝術形象的動靜姿勢，以此來呈現大自然之中的剛柔相濟、動靜相成的內在生命力。如北方的新疆康家石門子岩畫中的舞蹈或者陰山交媾的人物情態岩畫，畫面中的人物形象主要呈現靜態的站立姿勢。有的人物形象的腳掌會朝向另外一邊，人物的腿部和手臂呈現動態性。內蒙古陰山、烏蘭察布草原和寧夏賀蘭山的岩畫（匈奴岩畫）一般表現動物的靜立狀態。在表現動態狀態時，動物形象以逼肖對象為主，動物的角有極度誇張，多採用親暱、搏鬥、撕咬、吞食等場面，或「採取奔跑中四蹄併攏之瞬間姿態，腳較短，背部隆凸，或腹部鼓起」〔註19〕。內蒙古阿拉善曼德拉山的岩畫，不同的動物和人物呈現出不同的動作姿勢，有的奔跑，有的站立不動，畫面上動靜相結合，完美地體現了北方原始社會豐富多彩的生活場景。而南方的史前岩畫多以人物形象為主，廣西左江流域的岩畫人物形態是有動的，而山的靜止為舞蹈者提供了良好的表演氛圍。每一個人物的動作均傳遞著不同的視覺效果。再如內蒙古烏拉特中旗呼魯斯太蘇木地里哈日岩畫《獵野馬》（圖89），畫面的上方刻繪了正在奔馳的野山羊，在其下面有三匹野馬靜靜的站立，右邊有一個身體前傾、頭部微微向後傾斜、雙臂平伸作拉弓箭姿勢的獵人正對準中間的一匹馬的頭部，獵人的動作極為誇張，呈現了一種動態化的視覺話語。獵人後面跟著一條獵狗。史前先民憑著對物象的細緻觀察和卓越的表現能力，運用動靜的視覺形態將原始岩畫中富有生命活力又各具風姿的藝術形象栩栩如生地展現出來，形成了舞群、獸群、人群的動靜關係。以上的案例說明，物象自身的動態是由物象所呈現的角度或物象自身的行為姿勢導致的，而靜態的則把即將發生的一些事情瞬間凝固化。原始先民將這些元素有效的組合在一個畫面之中，直接構成了一幅動靜相宜的岩畫作品。

〔註19〕蓋山林：《絲綢之路草原民族文化》，烏魯木齊：新疆人民出版社1996年版，第155頁。

圖89：內蒙古烏拉特中旗呼魯斯太蘇木地里哈日岩畫

來源：《中國美術分類全集》編委會：《中國岩畫全集》（北部
　　　岩畫），瀋陽：遼寧美術出版社2006年版。

　　第二，原始先民利用岩畫形象的旋轉或者傾斜，在畫面中起到平衡布局、
活躍氣氛、強化變化等作用，從而使得畫面產生一種具有動勢的視覺審美效
果。在北方的岩畫點中，其構圖較為動盪，尤其是反映狩獵或者捕殺的場面。
我們可以看到一些物象東倒西歪，有的垂直布置，還有的歪斜放置在畫面上，
以此來表現動物的死亡或者動態充沛的生命活力，例如在陰山、賀蘭山岩畫
中的傾斜地鹿、馬以及虎群等。除了狩獵題材之外，北方岩畫也有表現日常
宗教生活的具有動靜形態的構圖，如新疆呼圖壁縣康家石門子岩畫中的連臂
舞、內蒙古阿拉善曼德拉山岩畫中反映原始先民居住的帳篷與倒立的馬的形
象、阿爾泰山岩畫中的交媾儀式圖像（上面與下面形象均被旋轉與傾斜）等。
史前各個岩畫點的構圖大都使用傾斜的物象、倒立的姿態等外在形式，給人
以動盪的視覺感覺。如內蒙古曼德拉山的《騎馬人》岩畫，整個構圖呈現出
一種動態化的態勢。作者用一條短斜線勾勒出向前傾的騎馬人形象，其左臂
較短且緊抓馬頭，右手較長並在用手拍打馬兒快跑，馬的後腿不是直立的，

而是正好和騎馬者的身體前傾呈現一種相反的姿勢，馬的後腿後傾可以使得馬兒抓地能力提升。再如內蒙古曼德拉山的《薩滿做法》岩畫（圖90），原始先民將駱駝設定為一種靜態的物象，它始終保持規矩的站立姿勢，昂首，挺背，表現出駱駝似動非動、欲動未動的靜態神韻。畫面中間是一位雙手向天、身穿大長袍的薩滿人，其傾斜的造型說明他正在做法，處於一種迷狂的動態過程。這也充分體現了原始先民對物象動態瞬間的捕獲和感知能力，使得整幅岩畫作品剛柔並濟、動靜相成。

圖90：內蒙古阿拉善右旗孟根布拉格蘇木曼德拉山岩畫

來源：《中國美術分類全集》編委會：《中國岩畫全集》（北部岩畫），瀋陽：遼寧美術出版社 2006 年版。

　　第三，原始先民常常以大小形象的相互交錯來進行畫面構圖，呈現出岩畫藝術的動靜特徵。先民的宗教思維和實用目的則深刻影響了岩畫形象的大小和布置。如康家石門子的大小老虎岩畫、青海舍布齊狩獵野牛岩畫以及連雲港將軍崖中的大小人物岩畫等等。這些岩畫有一個共同的構圖形式，那就是岩畫中的大小形象相互交融，一高一低，跌宕起伏。岩畫的製作者一般將狩獵對象、張弓搭箭者、騎者、首領、性器官以及具有特殊需要的形象作為

畫面構圖中的「大」的物象。這些主要的形象在畫面中佔有很大的畫幅，布置在畫面的視覺中心位置。大的物象就是象徵著強大的力量，隱喻著權威性，諸如太陽神、巫覡以及酋長。次要的形象則相對較小，並圍繞在大的物象周圍，甚至是容易被視覺忽略的地方。因此，大小物象之間就形成了具有節奏和韻律的視覺動靜效果。如新疆裕民縣巴爾達庫爾山、木壘縣博斯坦、寧夏中衛縣榆樹溝岩畫中的狩獵者被作者描述的很高大並手持弓箭射向一隻正在行走的動物，在瑪納斯縣塔西河蘇魯薩依、大麥地一個比例很小的人騎在一隻巨大的動物身上，以及大西峰溝的兩頭巨型動物等岩畫。這些岩畫構圖都是將最大的注意力放在狩獵對象上，其他的人物或者動物都被縮小，大小物象形成了間隔性、跳躍性的動靜視覺效果。再如內蒙古曼德拉山的《塔與動物》岩畫（圖91），畫面最右邊刻繪了一座尖狀的佛塔，築於基座之上，占整個畫面的三分之一。在塔頂的左邊並稍低於塔頂的地方有一頭牛，在這頭牛的左邊並低於牛的位置有一頭動物，在這頭動物的左上角有一匹馬，馬下面還有一匹很小的馬。在這個畫面中，從畫面的左側到右側呈現出一種波浪式的高低起伏的畫面效果，這與塔的形象也形成了相互照應的審美關係。

圖91：內蒙古阿拉善右旗孟根布拉格蘇木曼德拉山岩畫

來源：《中國美術分類全集》編委會：《中國岩畫全集》（北部岩畫），
瀋陽：遼寧美術出版社 2006 年版。

四、本節小結

綜上所述，通過對岩畫構圖形式的分析，我們認識到中國史前岩畫的構圖形式呈現了原始先民對巫術、空間以及審美的追求和探索，把現實中的立體圖像以一種平面形式布置在岩石上，岩畫圖像的重疊、秩序以及動靜大都內蘊著史前先民對現實生活的記錄和未來生活的憧憬。不管岩畫構圖中的重疊、秩序還是動靜關係，大都給我們呈現了史前先民對時空問題的積極探索，他們希望運用這些構圖形式來展現原始先民內心世界對物象的佔有和崇拜。在這裡，原始先民利用這些構圖形式去凸顯圖像的隱喻性或者宗教性，把這些形象塑造成具有不同形式語義的視覺畫面。每一個構圖都包蘊著先民對自然物象的巫術交感控制，每一個形象所處的位置都體現了作者賦予這個位置的文本敘事屬性。他們用有限的構圖形式強化了畫面的敘事能力，而且為原始岩畫增添了無限的意境，從而造就了一個超越現實、超越審美經驗並富有濃鬱巫術意味的視覺畫面。

第二節　構圖方法

史前岩畫中的構圖方法是將史前岩畫的造型由單一呈像轉向複合構像、由凌亂布置幻化為秩序構圖的重要一環。先民通過使用鳥瞰構圖、平面構圖以及主次關係等構圖方法，將單一的造型形態逐漸演變為具有審美意味的岩畫藝術。他們用這些構圖方法去再現已經在那個時代發生過的事象，去記錄那些難以言說的母題內容。每一幅岩畫都凝聚著先民獨特的審美意識和對神靈的無限崇拜。

一、鳥瞰構圖

鳥瞰構圖是古代先民以俯瞰的視角將眾多單個形象聚攏在一起的重要方法。

先民從視覺的高處對物象進行觀察、刻繪和整合，它不僅突破了平視視點的限制，同時也保留了物象整體的身姿和主要特徵。可以說，先民通過對場景的縱深式和整體性的創構，使得岩畫母題、形象特徵以及場景空間等因素更加真實、鮮明地呈現出來。

鳥瞰構圖呈現出一種立體的空間意味。在中國原始岩畫的構圖中，史前

先民從來不會止步於一個點上去觀察物象，而是從各個視角和各個位置去展示對象。他們基於一定的宗教巫術情節，選擇一個合適的視點去呈現物象。先民利用鳥瞰構圖對現實場景進行空間再現，以動物所在的位置來增加整個畫面的長度、高度和寬度，從而獲得一種更加廣域化的、具有縱深感的畫面視覺效果。也就是說，鳥瞰構圖是「將遼遠事象和前後景物都收入眼底的圖案構成，它是出於藝術家完整展開事象的目的而形成的一種幻覺，是象徵手法和平視得到昇華（傾斜）的奇特想像，體現了一種『以大觀小』的美學準則。」〔註20〕當然也形成了具有虛擬化的立體視覺空間。如今，我們所看到的古代狩獵岩畫、放牧岩畫以及舞蹈岩畫等多種母題畫面，它們大多都是利用鳥瞰構圖去展現一定的空間視覺性，把現實化的立體空間轉化為平面化的虛擬立體空間。先民往往將畫面中的單個物象之間拉開距離，有的空間大，有的空間小，物象與物象之間大都呈現出上下、左右、前後的空間性。先民們儘量避免物象的相互遮擋，最大程度地保持物象體態的完整性。值得注意的是，畫面最上方的物象是場景中最遠處的視覺點，畫面下方的物象又是距離作者最近的，從最前面的物象到最後面的物象均形成了前後空間的縱深性、延展性、連貫性和整體性，這也可視為是對三維立體空間的再現與模擬。可以說，史前先民利用鳥瞰構圖著力去展示作者精心建構的岩畫全局空間形象。

原始先民以現實的空間存在形態作為參照物對岩畫形象進行鳥瞰構圖，以此來描述和記錄古代社會的某個場景和現實情況。例如新疆阿勒泰杜拉特的《群獸圖》（圖92），作者運用鳥瞰構圖詳細描述了在草原上生活的野獸，並展示了比較廣域化的空間存在。動物的造型是否準確對作者來說已經不是最重要的，他們更加注重對動物內在「神性」的表現。這種表現其實超越了史前先民對物象的現實觀察，用想像性的藝術語言對圖像進行巧妙的處理。畫面從最下方的動物到最上方的動物形成了空間的關聯性。他們以立體化的空間形態來展示物象的前後、左右以及上下等空間視覺關係，給我們呈現了一個宏大、整體、流動的視覺空間視域。

〔註20〕謝崇安：《中國史前藝術》，海口：三環出版社1990年版，第126頁。

圖 92：新疆阿勒泰地區阿勒泰市杜拉特岩畫

來源：《中國美術分類全集》編委會：《中國岩畫全集》（西部岩畫 2），瀋陽：遼寧
美術出版社 2006 年版。

　　先民運用鳥瞰構圖的方法，給我們呈現了單個物象的完整性。縱覽中國
各區域的岩畫點，我們發現，在採用鳥瞰構圖的岩畫上，每一個形象的造型
或者形狀均呈現了完整性。先民利用鳥瞰構圖將每一個物象的體形和情態以
寫實或抽象的方式進行記錄，並完整的向不同受眾群體進行展示。岩畫中的
每一個物象之間均存在著空間的距離性，物象與物象之間存在的空間距離是
不同的。也就是說，先民儘量規避畫面中不同物象的相互重疊，從而使得物
象的造型能夠完整的呈現出來。如西藏日土縣魯日朗卡的動物岩畫（圖 93），
畫面從上到下的各個動物體形和姿態都被先民完整地呈現出來，每一個物象
均用流暢的線條雕刻出來，使得每個物象的基本特徵一目了然。又如巴丹吉
林的獵羊岩畫，畫面採用鳥瞰構圖的方法，使動物的肥碩與矯健、狩獵人的
拉弓待射的姿態以及動物靜靜地豎立的姿態均鮮明生動地呈現岩面上，以此
來完整地表現原始社會的經濟活動和宗教巫術活動。可以說，史前先民通過
鳥瞰構圖給受眾提供了一個展示自我、呈現民風的一個通道。

圖93：西藏日土縣魯日朗卡岩畫

來源：《中國美術分類全集》編委會：《中國岩畫全集》（西部
岩畫2），瀋陽：遼寧美術出版社 2006 年版。

　　鳥瞰構圖大多呈現在物象較多的集體活動中。鳥瞰構圖就是要凸顯整個
場景的宏大敘事，在一定程度上展現了集體的偉大力量。在西藏日土縣的一
個祭祀活動的岩畫中，我們可以發現，作者對整個祭祀活動採用了鳥瞰式的
構圖，畫面中將人物和動物一排排的展示出來，行與行之間都有空間距離，
從前到後，從左到右呈現了廣大的視覺空間。這裡面從最前面排成行的動物
群到最後面高大無比的人形給我們呈現了一個宏大的敘事結構，眾多的形象
均依照一定的秩序依次排列開。這樣的岩畫在大麥地、曼德拉山、雲南滄源、
呼圖壁岩畫也經常見到。

　　總之，史前岩畫先民利用鳥瞰構圖給我們呈現了一個具有廣域化、整體
性、延展性以及縱深感的視覺空間畫面。這種構圖不僅僅再現了古代社會
的理想家園和社會情態，而且，每一個完整的物象又規定了其所在的空間位
置和空間形態存在。事實上，這種鳥瞰構圖的目的「通常是用來保佑動物繁
殖、求雨或激起他們想達到的自然現象出現。」〔註21〕我們從每一幅畫面中

〔註21〕楊超、范榮南：《追尋沙漠裏的風：巴丹吉林岩畫研究》，北京：九州出版社
　　　　2010 年版，第 140 頁。

都能追尋到那個時代不同母題所展示的宏偉場景和扣人心弦的歷史故事。我們能夠發現，物象是以完整地的體貌特徵呈現給世人的，先民把主觀的幻象與客觀的事實融合於這個方寸大小的岩面上，從而凸顯原始社會中特殊的審美心理意象。

二、平面構圖

　　岩石上的二維空間是複合呈像的重要承載區域，它解決了史前先民的繪畫如何承載、布置以及展示的問題。平面構圖指的是在岩石表面上，將不同的物象有秩序的布置在二維空間中，用平面的空間去展示三維視覺效果。在此過程中，先民通過每一個物象的不同位置來表達自己對於時空性、地域性以及意象性的審美追訴。

　　岩畫的平面構圖呈現了物象的平視結構。史前先民「將物象由長、寬、高三度空間變為只有高、長或高、寬的平面形象後，接著將一個個平視形象排列在一條水平線上（可正面、側面或背面）。」〔註22〕這種結構往往表現為受眾的視覺與物象的造型相平行的狀態，也就是物象與視覺統一在一條視覺線上，整個畫面的物象具有形態的相似性。畫面中的物象沒有視覺和物象的高低區分，更沒有物象的立體語言，他們往往將每一個物象都限制在一定的大小和範圍內，並在物象的排列上力求成行。這種平視結構大多以史前岩畫中的連臂舞居多。如新疆阿勒騰尕松村的《牛群》岩畫（圖94），畫面上的兩頭牛和鹿被先民以成列的方式布置在岩石二維畫面上，四頭動物的構圖均呈現平面剪影。它們排成一排，有的快跑，有的漫步，呈現出一片安詳寧靜的遠古牧場景象。又如梵爾卡莫尼卡的《集體舞》（圖95），畫面從上到下均呈現平視化的藝術結構，每一個形象都和作者保持著統一的視平線，人物形象均使用剪影般的平面、正面造型來塑造。每一排的形象不管是人還是動物都有著相似性的造型結構。而且，每一排的形象又保持了相等的空間距離，從前到後呈現出空間透視的特徵。

〔註22〕寧世群：《西藏民間木雕藝術漫談》，《西藏藝術研究》1991年第03期。

圖 94：新疆和靜縣巴音布魯克區八音烏魯鄉阿勒騰尕松村岩畫

來源：《中國美術分類全集》編委會：《中國岩畫全集》（西部岩畫 2），
　　　瀋陽：遼寧美術出版社 2006 年版。

圖 95：梵爾卡莫尼卡岩畫

來源：李祥石：《世界岩畫欣賞》，銀川：寧夏人民出版社 2017 年版。

平面構圖表現出創作者對於透視的追尋。中國史前先民重視透視在平面構圖上的使用，他們希望在平面的空間中來展示立體化的視野，比如遠近、高低等空間視域。可是，原始先民是對透視原理知之甚少，缺乏立體透視空間的訓練，他們更不懂遠景、中景和近景在畫面中如何設置，物象的大小是受到其社會地位或者佔有欲來決定，他們只能在岩石平面上用二度空間去表現虛擬的三度空間。在平面布置中，先民儘量將前面的物象放大，後面或者側面的物象變小。甚至比較重要的物象放在中間，兩邊放置小的物象，這樣就形成一種球形透視。原始先民再根據實際的立體空間將原有物象放置在原有的實際的位置上，在遠處就放置在畫面的上面，在近處，就刻繪在離作者較近的地方。先民在表現動物側面的時候，常常使用填塗或者線勾勒的方式畫出動物的全側面，只刻繪出一個眼睛，而另外一側的眼睛是完全看不見的。事實上，動物是有兩隻眼睛的，當動物開始轉向正面的時候，另一側的眼睛就自然的呈現出來。如果用正面的透視方法去表現動物，那麼，動物的身軀就要嚴重被視覺縮短，動物的尾巴顯然我們就看不到了。只能看到一個頭。在那個時候，原始先民將盡最大可能去表現物象的完整性，他們認為動物有兩隻角，所以他們將在側面的影繪版上用平行的方式又繪製出一隻角，相當於一種疊壓的方式，讓受眾去想像另外一個空間的存在。如阿勒泰夾西哈拉海駿馬岩畫就是將平面形象布置在最高處，形象較小，越往前則呈現的圖像就越大，其實這就構成了一種空遠視域。如雲南滄源岩畫，先民用線條將村落繪製成一個近似於圓形的立體透視空間，在人物的腳底之下有一條線是地平線，這條線是作為平面視覺空間的分隔符，從而將具有透視的立體畫面展現出來。如貴州開陽縣平寨鄉畫馬崖岩畫《迎神圖》（圖96），畫面上用赤礦粉繪製的馬形圖像和太陽神圖像。整個馬的造型呈現平面式樣，馬的形象在整個畫面中佔有大的比例，給人的視覺感受是馬在太陽的前面，太陽的位置又好似高高掛於天空中，並處在兩匹馬的中間。這樣使得馬和太陽拉開了視覺空間距離，形成了具有平面式樣的透視關係。如新疆阿勒泰杜拉特的群獸圖（圖97），畫面上刻繪了一群動物，有野牛、鹿以及羊等動物，作者均將採用動物的側面之像，好似一塊平板，將物象的身體特徵用剪影式的方法勾勒出來。其中，有的動物刻繪了二條腿，因為透視的原因，另外兩條腿被擋住了看不到。還有的就是刻繪四條腿，先民想獲取物象的整體面貌，將動物的四條腿和兩個角都刻繪出來。特別注意的是，刻繪的四條腿是不一樣長的，後左腿較長，也就是離作者較近這邊長，前腿亦然。在這幾幅作品

中，原始先民運用透視的視角去闡述遠古先民的心聲。每一個動物和人物的平面形象，都滲透著先民對透視觀念的追尋。他們憑藉透視視角使得僵硬的、靜態的岩畫圖像散發出原始生命的活力。

圖 96：貴州畫馬崖岩畫

來源：《中國美術分類全集》編委會：《中國岩畫全集》（南部岩畫 1），瀋陽：遼寧美術出版社 2006 年版。

圖 97：新疆杜拉特岩畫

來源：《中國美術分類全集》編委會：《中國岩畫全集》（西部岩畫 2），瀋陽：遼寧美術出版社 2006 年版。

在中國的岩畫構圖過程中，原始先民將現實物象經過主體加工和對畫面的合理安排，將其刻繪成剪影般的視覺效果。在岩畫上經常表現出：近處的物象細節較詳細，遠處的圖像細節較省略等等。岩畫的形象隨著這類式樣的形成而架構了一種流動性的、相互連接的視覺連接體，隨著岩畫故事情節的變化而起伏跌宕，平面上的形象大小是依據物象的大小或者物象所具有的宗教屬性，把物象所呈現的特點利用單純的線條或平面刻繪出來，憑藉誇張、簡約、平面等手法將三維轉換為二維。

首先，中國史前先民在刻繪岩畫形象的時候，巧妙地將形象刻繪在一個平面上，通過平面布置的上與下來表現物象離創作者的遠近程度。他們「把動物形象用二度空間的輪廓畫在平面上，是企圖表現動物走出的最重要的一步，因為這是取代日常生活經驗中的三度空間形式所必須的。」〔註23〕平面造型中只有兩度空間，即上下和左右，這可能與現實物象中存在著遠近是有關係的。由於缺乏這種對立體空間的再現手段和技術，他們將一些孤立的、個別的形體依據物象的遠近放置在岩石的上與下。先民把物象布置在畫面的上方，一般呈現的是較遠且虛化的物象。相反的，下面的物象則細節較多，與觀者最近。有的作者將下面的物象排在第二位置。也就是說，最前面的可能是一個小小的動物作陪襯，隨著視線的向後發展，物象也就隨著細節的變少而慢慢消失。如新疆阿勒泰塔特克什闊臘斯的《生殖崇拜圖像》，畫面呈現了一種近大遠小的透視方法，整體的透視形狀為三角形，畫中最下面的是很大的駱駝，刻繪較詳細，且體積較大，隨著視線慢慢向後上移動，我們只能看到一個由橫和豎來簡化描繪了的羊，其造型非常小。這樣一來，畫面從前到後就形成了一個遠近的空間透視關係。史前人類通過繪製岩畫形象的上下和左右位置，來暗示物象的遠近空間，高的物象則在現實生活中處於遠方，低的形象則離作者最近，周圍空虛的地方均是大草原或者土地。又如在巴丹吉林的《獵人與井》岩畫，畫面最上方刻繪了一隻翱翔天空的鷹，它也預示著鷹處在另外的不同的空間地域中，最下方的是奔跑的山羊，這兩隻山羊從空間關係上是離作者最近的，在兩隻山羊向後就是一隻被作者誇大的北山羊，在向後就是縮小了的山羊，從最前面的兩隻北山羊到中間體積較大的一隻，再到最後的鷹，形成了從近處到遠處，從地面到空中的空間視域。

〔註23〕朱狄：《原始文化研究——對審美發生問題的思考》，北京：生活·讀書·新知·三聯書店 1988 年版，第 109 頁。

其次，岩畫在二維空間中有著立體化的視覺表現。陳兆復認為平面經營中的物象被放置在不同的位置，以及物象的大小之分，隱含著物象所代表的社會地位和某種象徵寓意。〔註 24〕史前先民利用不同的排列、圖底對應以及交疊等表現手法，去塑造不同的立體化空間。史前先民把一塊岩石當做一個天地空間，將物象按照上下、左右的空間關係布置在這個「天地空間」之中。先民依據現實空間去布置物象的位置，利用形象的方式對自然空間關係進行濃縮化的處理，以有限的視覺圖像去承載先民的審美情志和處世態度。那麼，這種岩石上的平面就自然而然的形成了具有原始觀念的空間體系。另一方面來說，史前岩畫的空間意識是與宗教巫術緊密聯繫在一起的，貢布里希說：「繪畫和雕塑是用來行施巫術。」〔註 25〕巫術必然在岩畫的表象結構中去顯現自己的空間方式，並以一定的敘事方式將其呈現出來。通過那些被神性佔有的圖像，人們也隱隱約約的將這種三維空間通過疊加、虛實、黑白、圖底的關係去凸顯出來，使得岩畫圖像的敘事和空間架構有了向審美情感方面發展的可能，提高了岩畫圖像敘事的層次性和韻味性。

綜上所述，平面構圖是史前先民將客觀物象進行省略、扁平化處理之後而形成的一種上下、左右的畫面位置關係。他們按照某種目的或者某種原則，把物象整合起來。這種整合既包括平面構圖中的透視問題，而且還包括平面構圖中的平視結構，使得每一個形象均保持著平面二維觀念。這種布置式樣大多是將藝術形象密密麻麻地散落在岩石之上，也有的是成群結隊的。他們憑藉著圖像與圖像之間的並置，圖底之間所形成的融洽關係來塑造平面構圖，從而形成了虛實相間、排列有序的虛擬三維空間意識。岩畫的構圖就是一個鮮活的生命有機機體，它憑藉著形象的互滲、不同物象所做的動作以及畫面的空白架構，共同形成了先民對現實感性生命的讚美和體悟。更是原始先民通過對現實物象的瞭解和熟知，簡潔地形成了自身的審美觀念、社會面貌以及宗教信仰。

三、主次關係

「主次關係」是史前岩畫先民運用點、線、面等元素將大小、虛實、粗細

〔註 24〕陳兆復：《中國岩畫發展史》，上海：上海人民出版社 1991 年版，第 384 頁。
〔註 25〕〔英〕貢布里希：《藝術的故事》，范景中譯，林夕校，北京：生活・讀書・新知三聯書店 1999 年版，第 40 頁。

不一的形象，有序地填補在岩石表面的空間裏，形成了別有趣味的二元對立視覺式樣。岩畫構圖中的主次關係依據作者對於畫面的把握而定：有的作者強調食物的重要性，就誇大了某類動物的形體；有的先民對祖先、英雄以及某類圖騰產生崇拜，他們在畫面上往往將這類圖像作為主要的方面來處理；還有的先民為了表達對繁衍後代和增殖的渴望，就誇張生殖器及其交媾動作。原始先民將岩畫中的大小、粗細、虛實不一的形象以主次的形式恰到好處地散佈在畫面的不同角落裏，從而使物象自身所代表的社會地位或宗教內涵鮮明地呈現出來。

　　史前先民在構圖方面尤為注重畫面形象的主次關係。那些具有主次關係的物象一般在畫面上表現為：大和小、中間和兩邊、繁密和稀疏、集中和分散等形式。先民在表現主要部分的時候，專注於突出主要形象的特徵、結構、造型以及自身所呈現的象徵性。其他次要部分都要圍繞著主要部分進行布置。如雲南滄源洋德海Ⅰ號岩畫點中的太陽與人就是例證。主要形象的周圍都有一些次要的部分作為襯托和配合，並且這些主要形象都具有動態化的造型。原始先民對每一個主要形象都詳細地刻繪，包括動作姿勢、形象特徵以及動物個體的內在分割等等。如新疆阿勒泰徐永恰勒岩畫點中的《鹿羊圖》（圖98），在六十釐米×五十五釐米的岩石上，刻繪了六隻動物，在畫面中間有一隻體形巨大的鹿（母鹿），在其周圍有四隻小鹿和小羊跟隨。次要部分就是主體周圍小的形象之間的虛空間，它們一般被安置在主要形象的周圍，形成點狀，與主體形象遙相呼應。它們的造型比較粗獷，隨意性也比較強。先民往往用線條來刻繪其外在的輪廓和動作姿勢，很少表現內部細節。所以說，次要的部分相對主要形象來說，體形比較小、單線抽象勾勒、動作靜止以及起著陪襯主要圖像的作用。又如在阿拉善右旗曼德拉岩畫群中的《飛雁與鹿群》（圖99），作者將作為主要物象的鹿放大，兩頭鹿呈現斜角，整個身體比例遠遠大於其周圍的飛雁以及其他動物，兩頭靜止的鹿被設置成主要物象。在主要物象周圍有很多隨意擺放並處於動態的小物象，這小物象被作者設置成次要部分。再如在巴丹吉林《騎者、犬與鷹》的岩畫中，畫面上刻畫了一位騎馬者，在其前面有一隻犬，在其上方有一隻展翅翱翔的雄鷹，馬和騎者佔據整個畫面的四分之一。顯然，這個主要形象是被史前先民有意誇大的，而鷹和犬則屬於次要部分。整幅畫面構圖生動，並且傳達出了作者對現實物象造型的

美好願望，以及對生命精神的讚美之情。

圖 98：新疆阿勒泰地區富蘊縣徐永恰勒岩畫

來源：《中國美術分類全集》編委會：《中國岩畫全集》（西部岩畫2），
瀋陽：遼寧美術出版社 2006 年版。

　　一方面，岩畫作者一般將主體物放在整幅畫面的中心，對物象的造型和形式進行認真刻繪和組織，凸顯主體的審美存在價值。在內蒙古阿拉善右邊旗孟根布拉格蘇木曼德拉山的岩畫《鹿與鷹》、內蒙古烏拉特中旗昂根蘇木幾公海勒斯太的《奔鹿、人物、馬》以及在寧夏賀蘭縣金山鄉金山村蘇峪口的岩畫《狩獵圖》（圖99）等作品中，我們可以看到，原始先民將誇大的藝術形象置於畫面的中心位置，並對其細節進行了詳細的描繪，使得主要形象大多都具有強烈的引領性或突出性。其中，有的岩畫中心形象是以實心剪影的方式呈像，在其周圍的形象則是單線刻繪。還有的岩畫畫面形成了對稱結構，主要形象處於畫面中心，其兩邊各有一個形象遙相呼應。不管採用哪種表現方式，他們的目的均為了突出主要形象的造型特徵及其豐富內涵。

圖 99：寧夏賀蘭縣金山鄉金山村蘇峪口岩畫

來源：《中國美術分類全集》編委會：《中國岩畫全集》（西部岩畫 1），
瀋陽：遼寧美術出版社 2006 年版。

　　可以說，居於畫面中心的主體動物不僅是原始人類的主要經濟來源，也是原始人類崇拜的主要對象，承載著先民的某種巫術宗教情結。在陰山岩畫中，「陰山先民對生活的美好願望與自然界不能給予滿足的矛盾是原始宗教產生的前提。各種崇拜是圍繞著這一基本矛盾來進行的，置於崇拜對象的主次，則以被崇拜對象在人們生活中的大小為轉移。」〔註26〕這裡面充斥著先民對物象神秘的佔有欲和敬畏感。如青海省海北藏族自治州剛察縣舍布齊溝的岩畫《獵野牛》，畫面中肥碩的野牛被放置在畫面的中心位置，作為陪襯人物則被縮小了，這種構圖方式表現了原始人類的巫術情結以及祈求狩獵成功的美好願望。

　　另一方面，史前岩畫作者將主要部分放置在離作者視線較近的位置，強調空間價值。在內蒙古曼德拉山岩畫、寧夏賀蘭山小西伏溝岩刻以及新疆新源縣則克臺鎮洪沙爾溝岩刻等畫面中，先民一般都將岩畫中的主要形象放置在離視覺點較近的地方或者離作畫者較近的區域，往往靠畫面的一角。

〔註26〕蓋山林：《陰山岩畫》，北京：文物出版社 1986 年版，第 372 頁。

在曼德拉山岩畫和大黑溝岩畫中的形象都是對角放置，最主要的形象放置在左下角。中國史前岩畫的作者在構圖中往往在畫面的最前面放置一個或兩個物象，且這個物象和後面的圖像不會形成疊加關係，這樣最前面的影像和後面或者最後面的圖像就構成了一種特殊的空間關係。創作者將裝飾化的二維形態元素與遠近深度空間的現實化因素有機結合，巧妙地運用虛實、大小關係，使得畫面的空間形成一目千里的視覺效果。如阿勒泰杜拉特的《放牧》岩畫，作者將一隻山羊放置在最前面，它的作用一是起著引導視覺作用，即引導受眾的視覺從這個物象開始，向後（上）看或者向左右延展；二是起到一定的空間起點作用。作者從這個物象開始，將很多的動物和人物運用高低搭配的方法，把畫面上放牧的空間影像跌宕起伏的表現出來。再如大西峰溝的《猛虎與鹿群》岩畫，先民將猛虎放置在最前面，也就是離作者最近的地方。猛虎呈現動態的視覺語言，張口撕咬，準備要對前面的物象進行捕獵一樣。作者將這一主要造型進行內部分割，從而形成一種骨骼式的岩畫圖像。在猛虎的後面有一些鹿和羊的形象，好似它們看見猛虎之後都落荒而逃。

原始先民運用虛實對比來凸顯物象的主次關係，從而形成畫面形象的層次感。所謂「實」，是原始岩畫形象刻繪較細緻且能夠統攬全畫的視覺圖像。在中國岩畫構圖中呈現較大的一個部分，而且它位於中間或者視覺較容易發現的位置。但僅僅有主體的實像存在，還無法使得原始岩畫的審美呈現出自身豐富地內涵性，還必須有虛。「虛」則是指畫面中處於次要的且高度簡約化的部分。只有虛實相得益彰，才能體現出原始先民對生命內涵的高度體認。如內蒙古陰山岩刻長尾舞（圖100），整幅畫面表達了藝術家歡快的心情，更呈現了原始先民在進行捕獵之前所從事的宗教儀式。在畫面中，最前面有四個身著長尾飾的舞蹈者，在整個畫面中佔有很大的比例。他們四個人被原始先民刻繪在畫面的中心靠前的位置，體型較大，人物的頭、尾飾、腳的方向等細節都被淋漓盡致地刻繪了出來。而後面的形象則被作者分成了三塊，一塊在右上角，一塊在中間的偏上位置，另一處則在四個尾飾人物形象的左邊。它們三塊中的人物都採用簡約處理，不管在體型、佔有面積等方面都形成了較為虛的部分，從而形成了各種形象在原始先民內心世界中的心理認知圖式。

圖 100：內蒙古陰山岩畫

來源：陳兆復：《中國岩畫發現史》，上海：上海人民出版社 1991 年版。

　　虛實對比中的實像是整個畫面主次關係的主要承載者。實像是經過作者在岩石上利用不同的工具加工之後而留下的圖像，它很大程度上凝聚了史前先民對現實世界的物象感受。實像的邊緣線和造型非常確定，相對於虛像來說它不含糊，更不省略。這些虛實對比中的實像充滿了旺盛的生命力，能夠將原始先民的作畫意圖與精神期待展示出來。他們將實像鏨刻在岩石之上，展現了原始社會中的圖像之美和宗教神性。主要表現在以下幾個方面：

　　首先，中國史前先民更加重視以實像之間的對比來凸顯主次關係。在南北方的各大岩畫區域，原始先民運用鏨刻、線條勾勒、敲擊等製作技法將物象刻繪在岩石表面上，每一個實像都在岩石上呈現不同的主次關係。他們在刻繪岩畫實像的時候，一般把形象作大小、前後、位置、刻繪效果、刻繪技法等方面的對比，突出形象與形象之間的主次關係。儘管許多岩畫形象保持著大小、位置等方面的平行關係，但是，岩畫作者還是憑藉著視覺形象的微妙差別來體現出畫面形象的主次關係。在新疆托里縣瑪依勒山唐巴勒霍拉岩畫點有一幅岩畫，畫面上的實像之間存在著大小、高矮、遠近、虛實等對比關係。在前面的長形狀和肥碩的兩隻動物作為主要部分，它們可視為岩畫作者的一種心理期盼和替換，一種精神情感上的希冀和呼喚。其他的均為次要部分。從某種程度上說，次要部分也寄寓著作者的思想與情感，只是被布置在了襯托的位置上。

在造型刻繪方面的對比，中國史前岩畫刻繪具有不同的製作技法，有的岩畫形象可能使用了兩種技法，如甘肅黑山岩畫就屬於此類，原始先民「琢鑿出輪廓後通體用尖鑿加以細密的雕琢，成為微淺的陰鐫畫面，一般不具線條，只是把鹿角用刻線畫出。」〔註27〕還有在呼圖壁康家石門子岩畫上，老虎形象運用線條勾勒，人物則鑿刻成平面，兩種技法並行發展。原始先民經常對主要的形象造型進行詳細刻繪，以平塗、線勾勒為主，同時也伴有誇張的成分，如人騎著馬射獵或者被捕殺的獵物等。其中，線條勾勒主要集中於北方岩畫區域中的動物形象塑造，如在西藏班戈縣其多山洞穴，畫面有刻繪有兩頭犛比例很大，兩頭犛牛均採用線條勾勒，左邊的犛牛是作者特別想要的獵物，在造型上作者對它特別用「心」。先民往往會詳盡地刻繪其線條和箭狀物，使得它有別於右邊的犛牛。在色彩方面，南北方均採用強烈的對比藝術手法，南方以紅色為基調，北方以黑色為基調。紅色代表著危險、生命、好運、溫暖、死亡等寓意，如雲南滄源岩畫和新疆呼圖壁康家石門子溝岩畫。

其次，實像是經過原始先民對自然物象的有效概括之後所刻繪出來的藝術形象。在中國南北方的岩畫構圖中，南方的岩畫刻繪一般以面為主，北方則以線為主。原始先民比較重視畫面上的形象疏密性，將很多的形象聚集在一個點上，有的形象排列較疏，有的排列較密，疏的形象向後退，密的形象向前跑。他們將這些精心選擇和組織的對象加以創造，利用高度概括和平面的藝術造型語言表現在岩石上。在組織形象的過程中，原始先民常常使用疏密的藝術手法去布置圖像，一般在一個構圖中放置幾個比例較大的且明顯的圖像，並在這些大的物象周圍放置一些小的圖像。這樣就將畫面分割成幾個部分，使得圖像形成疏密有秩序的排列，進而揭示出岩畫中所蘊含的「信條化」的藝術風格、藝術手法和生命精神。如內蒙古阿拉善右旗孟根布拉格蘇木曼德拉山的岩畫《眾騎、動物、圖案》（圖101），一些原始岩畫存在著先刻和後刻之說，依據色澤來看，這個岩畫左邊的三個騎馬人明顯是後來才刻繪上去的。但是這並不影響我們對整幅岩畫作品的審美觀照。畫面分為上下兩部分，上部分以較疏的形態來表現羊、狗等形象，被

〔註27〕嘉峪關市文物清理小組：《甘肅地區古代游牧民族的岩畫──黑山石刻畫像初步調查》，《文物》1972 年第 12 期。

原始人類認為是次要部分。在其下部，有七個較大的主體造型，刻繪的面積和細緻程度都優於上部分的岩畫形象。這七個圖像排列的較緊密，共同組成了一個三角形的結構。在岩畫中，先民們將形式美融入到整體與局部的主次關係上，依靠自身對岩畫母題的理解和想像，構成了一種帶有主觀色彩的藝術表現形式。

圖 101：內蒙古阿拉善右旗孟根布拉格蘇木曼德拉山岩畫

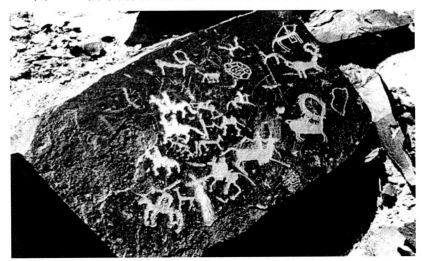

來源：《中國美術分類全集》編委會：《中國岩畫全集》（北部岩畫），
瀋陽：遼寧美術出版社 2006 年版。

　　第三，在南北方的岩畫構圖中，虛像作為次要部分，對實像（主要部分）起著襯托或營造意象氣氛的重要作用。任何一幅畫面之中均擁有著虛像，虛像包括實像中刻繪比較粗糙的形象、小的物象、被邊緣化的物象、刻繪內容較少的形象以及形象與形象之間所產生的虛空間。先民常常用粗糙的、簡約的輪廓對這些形象進行塑造，比如只畫動物的脊柱、四條腿和頭部特徵。因此這類形象一般呈像量小，且作為次要部分而存在。如在內蒙古烏拉特中旗呼魯斯太蘇木地里哈日的岩畫《北山羊與羊群》（圖 102），畫面中心有一只有斜度的北山羊，在其周圍有很多被作者簡化了的、刻繪粗糙的馬。或者說，北山羊作為主要形象被作者有意凸顯，而其後面的形象作為背景，只是被簡易的刻繪。

圖102：內蒙古烏拉特中旗呼魯斯太蘇木地里哈日岩畫

來源：《中國美術分類全集》編委會：《中國岩畫全集》（北部
岩畫），瀋陽：遼寧美術出版社2006年版。

虛像往往呈現出大面積的空白。宗白華說：「空白處並非真空，乃靈氣往
來生命流動之處。且空而後能簡，簡而練，則理趣橫溢，而脫略形跡。」〔註28〕
除了簡約和面積較小的圖像之外，岩畫中的虛像還體現在主要部分和次要部
分、大物象與小物象之間所產生的空白部分。虛像是呈現著高度概括性的藝
術語言，並在岩畫畫面中發揮著重要作用。可以說，主體實像在整幅畫面中
起著統領作用，而空白處為有形圖像增添了獨特的審美意蘊。雖然空白這一
部分沒有任何的可視圖形，但是這種虛無並不是沒有，是一種內蘊著超越有
限視域的無限想像空間。沒有這一虛像，有形圖像也就無法呈現出一種前後、
遠近的層次空間感。如內蒙古阿拉善右旗孟根布拉格蘇木曼德拉山岩畫《騎
者、駱駝、羊》（圖103），這幅畫面整體反映了古代牧民的游牧生活的場景。
在畫面中，中間被原始先民著意刻畫了一匹馬以及在馬身上的騎者，在馬的
圖像上被作者添加了很多紋飾，並較為細緻地刻繪了馬的後腿、飛節、管部、
球節、系部以及蹄冠等細節。

〔註28〕宗白華：《宗白華全集》（第二卷），合肥：安徽教育出版社1994年版，第51
頁。

圖 103：內蒙古阿拉善右旗孟根布拉格蘇木曼德拉山岩畫

來源：《中國美術分類全集》編委會：《中國岩畫全集》（北部岩畫），瀋陽：遼寧
美術出版社 2006 年版。

　　不同的岩畫形象利用構圖中的空白關係去凸顯主體。「空白」作為岩畫畫
面的重要組成部分，能夠引起受眾的聯想和想像。藝術家常常利用物象與底
色所形成的圖與底的關係去突顯畫面主體。岩畫圖像是以線性或者面的造型
元素被創作者刻繪製岩石平面上，每一個形象都比較孤立，圖像之間的聯繫
性較小。為了凸顯創作者對主題物的情感寄託，畫家就試圖通過畫面的空白
將主題物的生命精神和宗教性聯繫出來。也就是說，物象是實像，而實像之
外的空白之處就是來襯托主體形象的。如在甘肅肅北蒙古族自治縣別蓋鄉大
黑溝岩畫《放牧》（圖 104），畫面中創作者將四個物象從下面較大一直延伸到
上面，下面的人形較大，且較突出，周圍用空白填充。這些空白之處在一定
程度上凸顯了實體圖像的存在。再如烏蘭察布岩畫中的岩畫《鹿》，作者將鹿
誇大放置在視覺的中心位置，被誇張的鹿角尤其明顯，在畫面中呈現出實像
或主要部分。而在主體部分的周圍有幾隻刻繪簡約的動物形象，給我們呈現
出虛像或次要部分。整個畫面實像需要虛像的襯托，實像把握了畫面的主旨。
而虛像又凸顯了實像的存在，使得畫面中的虛像和實像共同營造出一個虛實
相生的圖像世界。

圖 104：甘肅肅北蒙古族自治縣別蓋鄉大黑溝岩畫

來源：《中國美術分類全集》編委會：《中國岩畫全集》（西部
岩畫 1），瀋陽：遼寧美術出版社 2006 年版。

　　總之，在中國史前岩畫的構圖之中，大多數的岩畫均體現著主次關係。
原始先民十分注重主體部分的刻繪，將其放置在畫面的最前面，則把次要的
部分刻繪的比較小和比較粗略，並圍繞在主要形象的旁邊。在他們看來，實
像與虛像是岩畫創作的重要元素，並將這兩種元素融匯進岩畫整體意象的塑
造過程中，以此來表達先民內心的象徵內涵。這些實像和虛像均運用了擬人
化（anthropomorph）的表現手法，作者加入了某些個人的情感元素，使得岩
畫作品充滿無限生機和活力。

四、本節小結

　　綜上所述，中國史前岩畫的構圖採用了獨具特色的鳥瞰構圖、平面構圖
以及主次關係等構圖方法。這些構圖方法均被先民恰到好處地表現了岩畫的
不同母題審美情感，每一個構圖方法都被先民融入到二維的視覺畫面之中。

他們把立體的物象幻化為平視結構或者採用扁平化的處理方式，去表達自己對於岩畫母題的巫術崇拜。每一個畫面都被先民設置了主要形象和次要形象，這就使得平面中的物象造型呈現出不同大小、不同刻繪程度的實像和虛像。他們通過不同的構圖方法，把虛像和實像共同融匯到整幅畫面之中，既突出了個體物象的獨特性，也體現了岩畫藝術的整體性。經過先民對空間、主次、平面、虛實的藝術處理，使得岩畫呈現出了「言有而意無窮」的審美意蘊。

第三節　構圖特徵

中國史前岩畫是先民記錄生活影像、承載生活觀念和滿足精神需要的一種藝術形式。他們通過不同的構圖方法對物象進行整合，使得岩畫圖像獲得了審美功能和宗教巫術的意蘊，形成了具有敘事性、場景性、對稱性、平衡性以及稚拙性的構圖特徵。先民憑藉著這些構圖特徵去表現他們心中所要表達的思想情感和象徵意義，並借用這些構圖特徵去呈現史前社會的生活場景和社會秩序。

一、敘事性

中國史前岩畫的構圖記錄著史前先民生產、生活的有關事象。史前先民非常重視構圖的問題，通過不同視覺元素在畫面中的巧妙安排，創構出了別出心裁的岩畫形象。如在南北方岩畫中的圍獵、交媾、舞蹈、帳篷以及各種動物形象。史前先民憑藉著構圖中的大小、長短以及不同姿勢的具象、半抽象形象，使得我們很容易被帶入到史前社會的審美意識活動中。如陰山岩畫中的《雙人圍獵》畫面（圖 105），先民利用具有靈動屬性的等邊三角〔註29〕將兩個狩獵者和一隻山羊布置在三角形的三個角上，一個狩獵者拉弓射箭朝向一隻羊的後部，而另一個狩獵者則舉弓射箭面向羊的前臉。在山羊的上面，先民別出心裁地鑿刻了一個沒有腿的動物，這個動物表示已經被先民捕獲或射殺，整幅岩畫生動、形象地展示了原始先民狩獵時候的場景。

〔註29〕黃賓虹說：「齊而不齊三角觚。」「觚為青銅器，它的造型是等邊三角形，看起來比四方形靈動的多。⋯⋯三角形和四方形以及圓形，三者的情味各有不同，圓形比較靈動而無角，四方形雖有角最呆板，最好是三角形有角而靈動，如果在布局上沒有三角形是不好的。」潘天壽：《關於構圖問題》，杭州：浙江人民美術出版社 2015 年版，第 62 頁。

圖105：內蒙古陰山岩畫

來源：蓋山林：《陰山岩畫》，北京：文物出版社1986年版。

　　中國史前岩畫是史前先民用視覺圖像進行敘事的一種方式，為我們探索和瞭解史前文化提供了最珍貴的材料。中國史前岩畫的各類圖像均被作者以不同的組合、不同的形式以及不同的場景予以外在呈現，每一幅岩畫中物象的大小都被歸因於薩滿信仰和異象，諸如代表「捕獵動物的精神助手」等。先民們通過使用不同的構圖方法把人物、動物以及其他物象的姿勢與生活特性相互結合，將某種敘述方式（民間傳說、宗教神話、精神信仰等）以圖像的形式傳播給大眾。很明顯，這種圖像的敘事性更體現了原始社會濃烈的生活氣息，真實地再現了當時的狩獵、放牧等生活場景，從而打開了一扇藝術再現原始生活的「窗戶」，先民用這一扇「窗戶」敘述著過去並啟迪著未來。

　　第一，對單個故事情節的敘述。在中國史前岩畫構圖過程中，先民經常選取單一的敘事場景。這一類的表現多為單體或多個動物、建築、馬車、交媾、放牧、狩獵等對象。如陰山地區的巫覡岩畫，畫面上只有一個雙臂上舉、雙腿叉開作舞蹈狀的巫覡形象。先民就是通過這個單一的形象去敘述巫覡與天神溝通的場景。又如北方岩畫點中的鹿圖像，先民通過觀察鹿在奔跑時肢體運動的特點，將鹿的身姿及其主要特徵，以一個單一的敘事情節刻繪在岩畫上。圖像中敘述了一些四蹄騰空奔跑的鹿，並詳細描繪了像樹一樣的鹿角造型。整個岩畫反映了先民對動物細緻入微的觀察。通過對單個物象的敘述，不斷誘發原始先民對於狩獵和放牧活動的聯想和想像，激發人類對於物象的

佔有欲。先民通過用這類圖像向後代傳授相關的動物知識，也呈現了先民讚美大自然的美好願望。

第二，岩畫敘事要凸顯先民對物象的選擇。任何一幅岩畫的敘事圖像均是由岩畫中的單個物象表現出來，通過它們各自姿態之間的連接從而形成一個完整的敘事情節。在史前岩畫的構圖中，藝術家會根據故事情節的需要選取不同的物象造型，或者不同的構圖方式，從而使畫面產生獨具特色的敘事情節性。需要注意的是，大多數藝術家均選擇具有一定動態性的且主要特徵明顯、具有象徵意義或具有某種需求的物象造型，如羊、牛、鹿等動物以及巫覡、手持武器的武士和舞蹈等人物形象，靜態性的非常少。而且，物象是何種姿勢、是否能夠很好的表現岩畫母題內涵以及體形，都是藝術家需要考慮的。例如史前先民想要刻繪一幅捕獵的岩畫，他們會主動地選擇一些大型的或者健壯的動物造型，布置在畫面的中間或者明顯的位置上，周圍伴有小的動物形象，並且狩獵者的箭已經箭在弦上，蓄勢待發。還有他們在刻繪跳舞岩畫的時候，通常會選擇正面的人像且人像的雙臂上舉、兩腿叉開的造型。還有的先民選擇了人們日常生活的物象，如建築、馬車以及某個生活場景等。這些物象在一定程度上能將藝術家所要表達的情感鮮明地呈現出來。在中國北方的一些岩畫點上，大量的岩畫圖像都呈現出騎射、射獵以及游牧等母題。這與土地權有著密切的關聯。先民想通過這種藝術形式，對土地的古老程度進行闡釋。如西藏夏倉的《執弓箭者》，圖中的人物具有強烈的動感性，先民就選取了這一情節來表現人類射箭的姿態。畫中的人物兩腿一前一後，頭戴面具，左手持弓，右手拉箭，準備射向前面的物象。

第三，岩畫的敘事要有一個視覺焦點，也就是要有一個固定的視覺中心。或者說，岩畫中必定有一個大的、清晰的且與眾不同的視覺造型。這個視覺中心的物象會引導我們的視覺去觀看畫面上的其他形象。如在陰山岩畫點裏有一幅狩獵的岩畫。畫面上的視覺焦點就是一隻被眾多箭射中的鹿，它在畫面上佔有較大的比例，是先民主要表現的物象。又如新疆塔城地區的喀拉托別牧場的一幅《群狼攻擊羊圖》岩畫。畫面上有羊和狼兩種動物形象，其動物姿勢比較劇烈：一隻北山羊被三隻狼分別從頸部、後臀以及背脊的角度進行攻擊，最中心的部分就是這只北山羊被狼群攻擊後已經倒地且無力反抗。在其周圍還有一些逃跑的動物。就像傑拉德·吉內特（Gérard Genette）在《敘事話語：方法論》一書中所說的那樣，史前先民們利用了一種

具有焦點化（focalization）〔註30〕的表現手法去呈現畫面的敘事性。其中，被狼群攻擊的北山羊是畫面的焦點，也是視覺的中心，而周圍跑動的動物為這種焦點增添了一些濃厚的可怖氛圍。如此一來，被攻擊的北山羊和周圍跑動的動物就構成一種互相牽制又互相影響的內外聚焦關係：前者屬於整個畫面的視覺中心，就是受眾能直接聚焦的地方，屬於一種可變的內部聚焦（internal focalization）〔註31〕。而周圍跑動的動物則屬於外部聚焦（external focalization）〔註32〕。

　　第四，先民們選擇了敘事情節的瞬間高潮性。縱觀南北方的各大岩畫點，我們發現，南北方的岩畫藝術家通常選擇普通的敘事情節，或者具有瞬間高潮的敘事情節來進行刻繪。普通的敘事情節就是那些表現放牧、動物遊走以及建築等生活事象的，這類岩畫數量比較多。另外一類就是選擇瞬間高潮的敘事情節，先民對正在發生的事象進行局部的截取。為了呈現情節中最精彩的部分，他們一般會選擇一個已經發展到具有決定性的瞬間的情節，從而使原來比較普通化的情節瞬間演變為具有扣人心弦的故事情節。這種截取更加強調先民對所發生事情的瞬間的主觀截取和概括，能夠清晰地體現出岩畫形象的動作及其內涵，萊辛稱之為「最富於孕育性的那一頃刻」〔註33〕。通過對瞬間動作的呈現，他們將畫面中的即將過去和將要發生的事象高度濃縮在這一造型裏，充分激發主體的聯想和想像，將這一瞬間的物象之美以凝固的視覺圖像展現出來。這種「決定性的瞬間」是「最能產生效果的只能是可以讓想像自由活動的那一頃刻了。」〔註34〕我們可以認為這一瞬間就是一個「黃金點」〔註35〕，能夠起到承上啟下的關鍵作用。先民利用這一「決定性的瞬間」著重敘述那種帶有矛盾衝突或情節達到高潮的原始生活場景。例如在新疆

〔註30〕Gérard Genette. *Narrative Discourse: An Essay in Method.* Trans. Jane E. Lewin, Ithaca: Cornell University Press, 1980, pp.189~194.

〔註31〕Gérard Genette. *Narrative Discourse: An Essay in Method.* Trans. Jane E. Lewin, Ithaca: Cornell University Press, 1980, pp.189~194.

〔註32〕Gérard Genette. *Narrative Discourse: An Essay in Method.* Trans. Jane E. Lewin, Ithaca: Cornell University Press, 1980, pp.189~194.

〔註33〕〔德〕萊辛：《拉奧孔》，朱光潛譯，合肥：安徽教育出版社2006年版，第92頁。

〔註34〕〔德〕萊辛：《拉奧孔》，朱光潛譯，合肥：安徽教育出版社2006年版，第20頁。

〔註35〕陳孝信：《關於動作瞬間的「黃金點」──讀〈拉奧孔〉劄記》，《美苑》1984年第03期。

呼圖壁生殖岩畫中的舞蹈女性，作者主動抓取了舞蹈岩畫中跳舞的高潮部分，每一個人物形象均左臂上舉，右臂下垂，雙腿併攏。藝術家將他們對於舞蹈的理念與具體的宗教儀式相結合。通過這種已經達到高潮了的舞姿與先民的精神世界相互融通，使得畫面呈現出一種沉迷於宗教巫術的自覺狀態。又如南非的布須曼人用岩畫來敘述圍獵野牛的緊張場面（如106），畫面上刻繪了一頭肥大的犀牛和兩位被畫的很小的人物，大的犀牛和小的人物形成了有趣的敘事情節，一大一小，一高一低。犀牛位於畫面的中間，顯得肥碩而又笨重。而人物形象則在犀牛的右下角，排列成行。人物正在用盡全力去捕捉這頭很肥碩的犀牛，犀牛則想掙脫先民們的控制。先民的兩根繩索已經套在了野犀牛的身上，而且先民正在試圖將其拉倒。史前先民用這種瞬間的定格圖像敘述著古代先民捕獵的緊張氣氛。

圖106：南非布須曼岩畫

來源：陳兆復：《外國岩畫發現史》，上海：上海人民出版社1993年版。

在新疆哈密地區八牆子的圍獵動物圖像其實也是呈現了岩畫敘事的高潮性。畫面上有三匹駿馬，兩人騎在右邊高大且細節描述較多的駿馬上，中間的駿馬正在做追趕姿勢，後退向前蹬，且傾斜度較大，呈現出一股蓄勢待發的場景。而右邊靜立待發的駿馬邊上有一個網狀的物象，表示先民將用網狀物象去圍捕獵物。左邊的馬和前兩匹馬最大不同的是動作幅度大，它前蹄騰躍，頭部高抬，發出嘶鳴，好似拒絕對方對它進行圍捕活動。在這個畫面中，

先民使用平面剪影的形式對動物的側面和人物的正面進行了具體描述。三個點的物象造型互相不遮蔽，造型與造型之間隔開了一段距離，使得整個畫面體現了原始先民捕獵時的場景。

第五，岩畫構圖體現了敘事的時間和空間。中國史前岩畫的構圖往往給我們呈現了不同空間和不同時間的原始故事，如舊石器時代和新時期時代，也或者是父系氏族的村落和母系氏族中的祭祀場景。原始先民將不同的物象有秩序的布置在畫面的上下左右的位置上，讓其產生一定的空間性。他們用最原始的鑿刻技術憑藉著不同的造型去敘述原始時代的各類情節與故事。在陰山的一幅岩畫中，作者給我們清晰地呈現了從下到上或從近到遠的時空敘事性。這幅作品是描述狩獵時代先民捕獵的場景。畫面的最下面有一個人物拉弓射箭，並射中了一隻野獸，獵物呈現倒地姿勢。在上面有一隻奔跑的動物，其後面也有獵人在拉弓射箭。隨後，在畫面中間的獵物上面就出現了一些躺在地上或正在呻吟即將死去的動物，中間和下面是描述射獵的過程，而最上面描述了射獵的結果。這二幕的場景被安排在一個條狀結構中，從畫面的最下面到畫面的最上面。因此，在這幅岩畫構圖中，表現了作者對空間的遠近和時間先後順序的探尋。畫面均是採用一大一小、高低起伏的圖像呈現模式，整個畫面採用了鳥瞰的構圖方法，每一個物象之間都將受眾的視覺引向縱深。顯然，先民利用條狀的構圖模式去呈現由射獵到豐收的整個過程，也展現了作者敘事由近及遠、由前到後的空間「距離」關係，這種距離不是真正的現實物理空間距離，而是人觀看畫面的時候所呈現的心理知覺。〔註36〕

〔註36〕〔美〕巫鴻：《時空中的美術：巫鴻中國美術史文編二集》，梅玫等譯，北京：生活·讀書·新知三聯書店 2009 年版，第 241 頁。

圖 107：內蒙古陰山岩畫

來源：李祥石：《世界岩畫欣賞》，銀川：寧夏人民出版社 2017 年版。

　　總之，中國史前岩畫的構圖給我們呈現了史前先民的生產、生活的原有概貌，對我們瞭解和研究史前社會的人文歷史有著重要的參考意義。史前先民通過不同的構圖以視覺化的「語言」來講述了圖像中所發生的「故事」，他們有意選擇故事發展的「決定性一瞬間」，這一瞬間也大大增加了受眾對於岩畫的聯想和想像。他們所敘述的每一個圖像大都具有濃厚的生活趣味，他們用不同的岩畫造型去描述他們所感興趣的、美的、宗教性的事象。史前岩畫突破了時空的束縛，讓我們的思緒超脫於現實狀況，強化敘事功能，游離於圖像之外。史前先民在選擇情節高潮的同時，注重選擇動態感較強的物象，並巧妙地利用各式各樣的構圖把大自然的物象所具有的矯健、笨拙的形象栩栩如生地呈現出來。這使得中國繪畫的歷史開啟了一種全新而又陌生的視覺維度。

二、場景性

　　岩畫是對史前先民生活場景的一種藝術再現，是主體與客體之間的一種精神對話，他們將現實生活中所發生的事象通過不同的構圖展示出來，把體現

生命精神的行為刻繪到岩面上。在此過程中，作者通過對景物、空間以及構圖進行深思熟慮的考量，把物象幻化成一種抽象、簡約且自由化的非寫實的圖像。這種岩畫的場景性對我國後來的山水畫創作起到了積極的促進作用。

中國史前岩畫突出構圖的場景性。「場景」一詞來自影視與戲劇，指的是人與物在特定的空間和時間內發生的某種行動，或構成某種具有特定生活和情節的畫面。史前先民將自己所看到的物象和事象通過硬質工具將其刻繪在岩石上，這些形象均記錄著當時的物象形態和精神風貌，也都直接或間接地反映了作者對生活的態度。場景則以一種非常直觀的視角將現實呈現給大家，即：寫實主義風格。一方面，原始藝術家借用場景式構圖來審視自然的現象和某種現實事件，將物象轉化為獨特的藝術圖像；另一方面，場景性彰顯了原始先民的生命精神，他們將最驚心動魄的情景用點、線、面等美術元素栩栩如生地呈現出來，有的主角放在中間，有的形象被放大，還有的呈現別樣的形式美感。不管如何，這些不同的物象形態共同構成了一幅富有生活趣味和宗教內涵的場景岩畫。如雲南滄源岩畫中的《五人圈舞》，畫面中間有一個圓圈，在圓圈周圍有五個手舞足蹈的人正在跳舞，真實地記錄了原始先民的舞蹈風姿。又如雲南滄源猛省反映馴牛的岩畫，畫面採用了三角形的構圖，在畫面的最上方是一個人套住一頭牛，在其左、右和下面都是觀看馴養野牛的人們，有的人左顧右盼，有的回頭竊竊私語，還有的離馴牛場景較遠，怕傷害到自己。畫面以馴牛作為主題，將人馴牛的過程進行了全方位的藝術再現。從以上兩個例子我們可以發現，史前岩畫的構圖均表現為一種與現實生活緊密相連的構圖式樣，畫面上的每一筆、每一條線都是對現場發生事情的真實描摹，從而形成了具有場景性的原始岩畫。原始先民憑藉著這種場景式的構圖來實現其內心世界的精神期盼和物質保證。類似於這樣的例子還有很多，例如廣西左江崖畫祭祀蛙神的場景，都體現了原始先民敏銳的觀察力和高度的概括力。

場景式的構圖一般具有宏大的場面。在雲南滄源岩畫丁來一號點來看，整個畫面呈現為一種宏大的場景。作者是以宏大的視角將村落、舞蹈、散落的人物形象、耕作、划船以及種植等多種姿勢呈現在一個畫面之中。畫面上講述的不是一件事象，而是多個事象的集合，這些影像分布在畫面的不同角落，有的圖像相隔比較近，有的則比較遠，有的排列疏，有的則密，有的橫向排列，有的半圓圈式的展現立體圖像等等。畫面上的人物形象均運用流暢的線條和富有律動美的排列方式，反映出原始先民不同的忙碌狀態和行為姿勢，

構成了一個非常宏大的場景。正如邱鍾侖和陳遠璋說的那樣：「早期岩畫具有很強的寫實性，基本特徵是構圖完整，布局謹嚴，場面宏大，人或物的圖像多，排列整齊，內容豐富，氣氛莊重而又統一和諧，能反映出現實生活中不同的活動場面。」〔註37〕這裡所說的「宏大」除了繪製在一些懸崖絕壁之外，還表現在人物和物象方面，使得畫面產生一種具有視覺衝擊力的效果。史前先民總是把現實中的場景聚攏在一塊方寸之間的岩石表面上，並根據現實物象的大小及其之間的距離，將物象認真地刻繪在岩石之上，從而形成物象之間高低有別的視覺律動圖像，以此來體現宏大的場景。又如，在廣西左江的懸崖峭壁上，先民在一整面的懸崖峭壁上繪製了敬神的宏大場面。在這個場面之中，作者將剪影蛙形人物形象進行分層布置，通過鳥瞰構圖的方法讓現實的立體空間在崖壁上呈現。一個身背腰刀人物形象處在畫面中間，他頭頂和腳踩的均是動物。其他人物形象有的呈現橫排排列，有的自由布置，有的正身作蛙狀，有的側身作蹲姿，有的大，有的小，有的離觀者近，有的離觀者很遠等等。作者用粗壯的線條勾勒出紅色的人物形象，人物形象從上到下，從左到右，體現了史前社會壯觀的祭祀場景。從中我們能感覺到先民那種熱烈奔放、自由灑脫的生命精神和心靈期盼。

場景式的構圖烘托出瞬間的場景氛圍。在青海舍布齊溝的《獵野牛》岩畫，畫面上刻繪了一頭巨型野牛，正在前方奔跑，而後面是一個狩獵者正騎在馬上舉箭待射。作者抓取了奔跑的野牛和射獵者待射的那一瞬間，表現了狩獵的危險和艱難程度。畫面構圖反映了狩獵者敢於獵殺巨型野牛、將自己的生死置之度外的英雄壯舉。先民使用塗繪、磨刻以及鑿刻等技法將形象呈現在岩石上。可以說，不同的岩畫場景都是先民生命精神的外在體現，都凝聚著濃鬱的原始生活氣息和對瞬間時空的定格，也體現了中國原始岩畫作者那種利用不同秩序進行宏大敘事的非凡技巧。狩獵岩畫的場景性經常表現奔跑的動物或靜止的動物。在動物的中間、邊緣或動物的後面有手持弓箭的狩獵者，他瞄準動物，蓄勢待發。整幅畫面能夠反映出狩獵者緊張的心態和射獵更多獵物的願望。在生殖岩畫中，先民們更多的使用誇張的手法將男女生殖器誇大，性別特徵尤為明顯，將男女交媾的情景呈現出來。運用這種直接性的圖像描述，表達了先民對人口繁衍的渴望，如雲南滄源佤族自治縣丁來

〔註37〕《中國美術分類全集》編委會編著：《中國岩畫全集》（南部岩畫1），瀋陽：遼寧美術出版社2006年版，第3～4頁。

Ⅰ號岩畫點的《村落圖》（圖108），畫面中有一條圓形線將村落的平面圖裹在裏面，圓形內有圓頂、三角形的房屋十六座。這條圓形其實就是地平線。在圈外，分別繪製了三層人物和動物形象，人物形象均採用概括性的三角形和雙腿叉開的造型，肩膀很寬（畫中的人物多是男性）。第一層繪製的人物形象都是肩扛武器，是保衛部落的士兵，均是呈站立姿勢，在其腳的下面有一根線，這根線可能是地面或者道路。第二層則是部落中的人群正在跳舞，從他們手的姿勢就可以看出，正在做的是一種宗教娛神活動。第三層則是反映生產和生活的場景，有的趕牛，有的正在播種，畫面上洋溢著原始生活和戰鬥的氣息。

圖108：雲南省滄源佤族自治縣丁來Ⅰ號岩畫點岩畫

來源：《中國美術分類全集》編委會：《中國岩畫全集》（南部岩畫2），瀋陽：遼寧美術出版社2006年版。

場景式構圖被視為巫術的體現。在中國原始岩畫的構圖中，「為了保持與靈異世界的交往和聯繫，為了強化個體與氏族集團的關係，強化與神靈互滲為內核的『集體表象』，原始人必須製作出一系列超世俗、超自然、超現實的場景。他們力求在這個場景中使自己達到非正常狀態，在這個非正常狀態中，以幻覺的形式來生發出各種非現實的形象。」〔註38〕如在一個狩獵場景之中，先民們模擬了動物的動作和習性，將不同的單個形象刻繪在岩石上，進而形成了一個具有神秘巫術意味的場景。先民們不但注重岩畫構圖的完整性，也十分注重岩畫表現的巫術性。每一個形象或者每一個位置都是先民施展魔法、希冀

〔註38〕張曉凌：《中國原始藝術精神》，重慶：重慶出版社1992年版，第244頁。

人丁興旺、祈求神靈庇護的重要物態化的體現。他們根據原始宗教思維的互滲性特點，認為刻繪什麼就可以得出什麼。因此，這些岩畫中的形象「都是用寓有『互滲』意義的『巫術』，去影響行為的目的，以達到獲得野獸或增殖家畜的實效。」〔註39〕如在新疆阿勒泰市汗德尕特蒙古自治鄉的《孕牛圖》，作者展示了具有祈禱、歌頌母牛孕、產的巫術過程。在畫面上，最前面有一頭肥碩並懷孕的母牛，體形和後面的小牛相比明顯較大。在孕牛後面（遠處）有類似於母牛生產下來的小牛形象，有三到四頭。因此，畫面就用這種場景式的構圖來祈求母牛未來能生產更多的小牛，為原始先民的生存提供一定的肉食供應。

場景式構圖與先民的祭祀活動聯繫密切。在中國南北方各個岩畫點上，如廣西花山岩畫、賀蘭山岩畫、新疆康家石門子生殖岩畫、福建仙字潭岩畫以及江蘇灌雲縣的星相岩畫等，大多數的岩畫均以場景式的構圖來表現巫術宗教祭祀活動。這些具有宗教祭祀場景的岩畫大多採用舞蹈的形式，有集體舞、連臂舞、狩獵舞、生育舞、圓圈舞以及戰爭舞等。當然，岩畫中也包括原始社會的神職人物，這些巫覡一邊施展巫術，一邊帶領眾人媚神舞蹈。所有的氏族成員均以巫覡為中心，他們做著相似的動作，向上下左右輻射，從而形成了一種祭祀性的場景畫面。先民對主觀臆造出來的神靈進行膜拜，並將其人格化和物態化，從而塑造出千姿百態的被祭祀形象。這些祭祀岩畫「反映了早期人類社會的勞動樣式、經濟社會活動、精神追求和美學傾向。」〔註40〕可以說，先民通過刻繪岩畫圖像去祈求他們的部族繁榮昌盛、平安幸福。在西藏的一些岩畫中，大多以射獵活動作為主要表現對象，承載著濃厚的宗教祭祀思想。比如，畫面中的犛牛等動物形象均用赭石顏色刻繪出來，往往帶有一種血腥的場景性。總起來看，中國原始岩畫的場景構圖是與史前先民的宗教祭祀有著密切關聯的，史前先民利用這種場景構圖來祈求獲得各類神靈的幫助。他們將畫中的人物或動物形象按照一定的秩序進行直線、曲線、圓形、放射或者其他形式的排列，借助這種場景式的構圖對各類神靈進行虔誠的祭拜。如內蒙古烏海桌子山召燒溝的太陽神岩畫（圖109），在這個畫面中，作者將眾多舞者按照大小不等的秩序性巧妙地排列在岩石上，這種排列有的在後面，有的則在前面，有的大，有的則小，形成了具有場景式的構圖語言。畫面上的人物形象由一個圓形和兩豎

〔註39〕蓋山林：《中國岩畫學》，北京：書目文獻出版社1995年版，第153頁。

〔註40〕賀吉德：《賀蘭山岩畫研究》，丁玉芳整理，銀川：寧夏人民出版社 2012 年版，第46頁。

線構成，眼睛周圍有一個裝飾，嘴型呈現「皿」字。在頭的外圍有一些射線，在頭頂上有一個高高聳立的辮子。在下面的軀體上，人的手臂和雙腿均向外撇，在它的周圍還有其他的舞者正在跳舞。

圖 109：內蒙古烏海市桌子山召燒溝岩畫

來源：《中國美術分類全集》編委會：《中國岩畫全集》（北部岩畫），瀋陽：遼寧美術出版社 2006 年版。

　　總之，場景構圖是中國史前岩畫視覺敘事呈現的一個重要特徵。先民憑藉點、線、面等美術元素，將史前人類狩獵、放牧、交媾等生活情節刻畫在岩石上，以此來表達他們的宗教祭祀思想和生活觀念，形成了一個具有超越視域的宏大敘事場面。史前人類用岩畫圖像記錄下來的各類母題的場景，也為我們在人類精神信仰、藝術敘事和圖像製作等方面去建構人類與物象之間的深層象徵意義奠定了基礎。他們用現實的眼光去審視這種場景式構圖的組織結構和視覺規律，把發生在原始先民周圍的事件巫術化，以瞬間化的形式語言去定格曾經發生過的事象。

三、對稱性

　　對稱性高度體現了中國史前岩畫構圖的審美特徵。先民往往將圖像刻繪成左右或上下的對稱式樣，如阿爾泰山的三隻豎排的鹿，以中間的一隻鹿為中心，上下均呈現出對稱的構圖特點。又如阿爾泰山的岩畫車馬，先民在馬的中間刻繪了一道豎線，這條豎線使兩匹馬左右對稱分開。這種對稱構圖的

方式，在吉爾吉斯斯坦、塔吉克斯坦以及哈薩克斯坦的車輛岩畫中也有所使用。

　　原始先民在岩畫構圖的時候，重視圖像的左右或者上下的對稱性。他們在生產和生活中，逐漸認識到了諸如對稱等形式美規律，發現了一些「橫的對稱」和「豎的對稱」。因此，他們以橫式或豎式軸線來進行構圖，體現出一種和諧穩定的構圖心態。博厄斯在其著作《原始藝術》中說：「對稱普遍表現為左右相對，並且認為，這種對稱形式來源於對稱的動作，以及人和動物左右對稱的形體。動物的身體和四肢也是如此。」〔註41〕在火地島上的原始著民，他們的臉部左右都被很多的點進行裝飾著，以鼻子為中線，左右的裝飾塊面都具有一致性。不管從內蒙古還是到雲南滄源地區，這些岩畫點中的構圖均帶有對稱的表現方式。對稱分為軸對稱和視覺量對稱。軸對稱就是中間一條線，而兩邊上下或左右都能使得整幅構圖產生平穩的視覺效果。

　　一方面，左右對稱的畫面一般在構圖上具有某種相似性，但在某個局部上還是存在某個不同點，如陰山兩隻相向的雙盤羊，羊的軀體均呈現要攻擊對方的意思，兩隻羊的羊角被誇大並向後捲曲。但是，作者還是刻畫出了兩隻羊的不同，羊角一隻大一隻小，一隻羊的軀體向下俯臥的程度更低一些，而另一隻則高一些，兩隻羊互相對稱。作者借助這個圖像來表現盤羊旺盛的生命活力，並以此來祈求家畜的增殖。再如雲南怒江傈族自治州福貢縣匹河鄉臘斯底岩畫，岩石表面上用粗線繪製了比較清晰的一個符號。上下均為一個圓形，中間是一個瓶裝方形，裏面裹著一個人。整個符號的最上面是一個橫線，下面排著三個圓圈。整個構圖採用豎式構圖方式，畫面強調上下對稱關係，物象的造型全部是用粗線條和細線條構成。連雲港將軍崖的《房屋和樹》岩畫，整個岩畫的構圖運用了對稱的布置方式。畫面中樹的左右兩側的每個樹枝形成一個向上發展的三角形，每一根樹枝都在另外一側都有相對的一部分，至少是相似性的對稱。而房屋的屋頂左右兩條線形成平行線，屋身的左右兩側也形成了平行線，這表明古代先民在塑造物象的時候更加注重畫面的左右均衡效果。圖中樹的造像以中間線為基準，兩側的線條長短粗細、方向均一致。在樹的個別枝葉上出現了局部的彎曲，這樣就形成了由曲直線共同建構而成的形式美。右邊的房屋置於畫面的下方，而上方則用虛空的畫面來代替，這也是一種空間的虛實對稱。在畫面的虛空空間中似乎要表達史前先民對於星空和宇宙的無限崇敬。又如

〔註41〕〔美〕弗朗茲・博厄斯：《原始藝術》，金輝譯，劉乃元校，上海：上海文藝出版社1989年版，第332頁。

雲南麻栗坡大王岩像中的兩位男女保護神，左右極為對稱，人物的手勢和正面的臉都是都經過幾何化了的，「它通過一些對稱的構圖，表現了宗教藝術中的各種等級森嚴的級別以及這些等級的不可動搖性」〔註42〕。

另一方面，上下對稱的圖像一般可以分為以行為單位的圖像排列或者單體圖像，行排列的上下人物姿勢均作相對一致的動作，而單體人物形象的腿腳和手臂均具有程式化的動作，如在召燒溝岩畫中有一幅橫式對稱的圖案，畫面中間有一條橫線，線條的兩個端部刻繪有雙圈紋，在線條的中間有九條豎線，豎線在橫線的上下結構上均呈現長短一致，這充分體現了原始先民對「橫的對稱」的審美感受。又如內蒙古烏拉特的獵鹿，在兩隻鹿的中間有一個很小的狩獵者，正好作為中間線，將鹿分成上下對稱兩部分。再如雲南滄源岩畫的九個人物象，圖中間的一條線將左右的腳和手一分為二，畫面從上下來看，視點就定位在中間腹部位置。通過以上三個岩畫的例子，我們從中可以得知，岩畫構圖的上下對稱不但體現了先民們對畫面和諧與穩定的審美追求，而且他們通過這個對稱的構圖也表達了自己對於世界萬事萬物的審美體認。

總之，原始先民通過參照現實物象的形式，運用對稱構圖所再現的世界具有一定的視覺模仿性和視覺穩定性。他們按照對稱的形式將視覺圖像分成上下和左右，不僅突破了現實物象的蔽障，同時也實現了對岩畫圖像的濃縮，從而體現了創作者對於生命精神的詮釋。他們把對稱的構圖特徵注入到主體對生命無限性的追訴之中，形成了「一種無對象、無標記、卻易於辨認並迫切地呈現的世界內部這種時間性的一種手段」〔註43〕

四、平衡性

平衡性是中國史前岩畫構圖的審美特徵之一。在岩畫的構圖中，物象之間的差距會導致不平衡性，進而產生不同類別的視覺運動。正因為史前先民已經意識到人是有雙耳、雙眼、雙腿、雙臂，具有平衡對稱的結構，所以他們在岩畫構圖中也試圖尋求某種平衡性。任何一個岩畫畫面都是由各種元素構建而成，並且這些元素由於位置的差異，及其所形成的動態都有所不同，有的運動比較激烈，有的數量多或少，還有的則是形象呈現不同的方向性。

<hr />

〔註42〕〔美〕魯道夫・阿恩海姆：《藝術與視知覺》，滕守堯、朱疆源譯，成都：四川人民出版社1998年版，第180頁。

〔註43〕〔法〕米・杜夫海納：《審美經驗現象學》，韓樹站譯，陳榮生校對，北京：文化藝術出版社1996年版，第220頁。

在中國史前岩畫圖像中，原始先民往往把一個畫面看成一個整體，在整幅構圖的左右和上下均被安排上大小不同的物象。就狩獵和放牧的岩畫來說，先民為了表現狩獵和放牧時的情景，在岩石表面的左右和上下位置布置不同的物象或視覺元素。有的畫面左右兩邊均採用數量上相近或者大小接近的形象，有的將岩石上部分物象進行散落布置，數量較多，下部分則將動物或者人物形象進行有秩序、有隊列的「一字型」排列。有的畫面兩邊採用物象的高低搭配，如左邊物象處在高處，那麼右邊就處在低處，從而形成一種平衡美。所以說，原始先民利用數量、動勢、有無秩序性、動靜、高低、拙笨與流暢等因素的對比來實現對於平衡的視覺追求。這種平衡性是基於日常的生活審美經驗，具有高度的視覺藝術美。例如在內蒙古曼德拉山的岩畫群中的《馴鹿圖》，在畫面左邊有一隻鹿，鹿角被作者誇大成一棵樹的樣子。而且，鹿的軀體比例遠遠大於右邊兩位騎馬的人物形象，整個畫面呈現出成左右兩個部分。左邊有一個物象，動勢較大。為了使得畫面產生平衡性，作者就在右邊多加了一個騎馬者，這樣就形成一種平衡性的視覺效果。又如，在桌子山苦菜溝的南部峭壁上有一幅放牧岩畫，畫面上有五個經過刻繪的動物形象，作者以中間一個動物為基點，將畫面分為上下兩個部分，呈現二上、一中、二下的構圖格局，使得畫面呈現出上下平衡的視覺態勢。

史前岩畫的構圖平衡在某種程度上也反映了心理平衡。阿恩海姆認為，任何一個視覺式樣都具有一個支撐點或者重心點，〔註44〕它是「由種種具有方向的力所達到的平衡」。〔註45〕心理平衡強調在岩畫構圖中的物象所帶給受眾的心理感受，而這種心理平衡又受制於岩畫構圖中所呈現的視覺力。在岩畫構圖中，有的畫面中的視覺力量是分配不均的，諸如虛空、粗細、大小、色彩等元素所佔比例較少，但同樣能夠對畫面的視覺力進行彌補。這些視覺平衡往往與相對應的物理因素不一樣，前者更加注重的是心理的平衡，而後者則強調造型上具有高度的相似性。如查干敖包蘇木西南的岩畫《馬與羊》，整個畫面呈現了斜式構圖，也就是我們所說的對角線構圖。畫面中的第一匹馬和第二隻羊之間被作者留出很大的間隔空間，這可能作者是有意為之。前面的

〔註44〕〔美〕魯道夫・阿恩海姆：《藝術與視知覺》，滕守堯、朱疆源譯，成都：四川人民出版社1998年版，第13頁。

〔註45〕〔美〕魯道夫・阿恩海姆：《藝術與視知覺》，滕守堯、朱疆源譯，成都：四川人民出版社1998年版，第40頁。

馬在造型的大小和刻繪程度上都遠遠要比後面的三隻動物視覺強一些。後面的三隻動物越向後就越簡略，最後一隻就剩下一個簡潔的脊背輪廓。這樣就呈現出前面的一匹馬和後面的三隻動物在造型上是不對稱的，但是在視覺力上達到了整個構圖的心理平衡。顯然，這種構圖中的平衡是基於視覺與心理的結合才造就的。又如內蒙古呼魯斯太蘇木地里哈日的岩畫《獵鹿》（圖110），整個畫面刻繪了兩隻大鹿和一些其他的小物象，畫面構圖較規整。從整體上來看，兩隻鹿在動作、造型上以及刻繪程度上都明顯的呈現了視覺的上下平衡性，就是說兩隻鹿具有相似性。在兩隻鹿的中間有一處斜的線性物象，有可能是鹿角，在其左端有一個點，而這個點又和最右側的一個站立一手舉弓、一手射箭的獵人的腳形成一條線，我們可以將這兩個點連成一條線，整個畫面可以分成上與下兩部分。上半部分有一隻大鹿、兩隻小動物和獵人，在視覺量上上部分要大於下半部分。再看下半部分，下半部分只有一個實體物象，那就是一隻瘦長的並且鹿角被誇張特別長的鹿，在鹿的周圍都是被虛空的環境填充。我們不禁要問，為什麼畫面能呈現平衡呢？雖然上部分的視覺量在表面上是大於下部分的，但是，我們有沒有發現，在下部分有很大一部分是虛空狀態，虛空並不代表沒有，而是裏面囊括了很多未知的內容，這裡面可以讓我們產生無盡的遐想！這裡的空白在視覺的量顯然遠遠要大於上面的實體的量。這樣上部分和下部分的力相互抵消，就形成了構圖上的平衡。

圖110：新疆阿勒泰地區富蘊縣布拉特岩畫分析圖

來源：《中國美術分類全集》編委會：《中國岩畫全集》（西部岩畫2），瀋陽：遼寧美術出版社2006年版。

　　還有一幅就是新疆阿勒泰地區駱駝峰岩畫《鸛鳥啄魚圖》（圖 111），整個畫面描繪了三個物象：一條魚、一隻鸛鳥還有一個動物（未知）。畫面被作者分為左右兩部分。我們為什麼說這幅畫面呈現了平衡呢？因為，右邊的物象很長且很大，從上面一直延伸到下面。中間沒有斷開。左側要和右側的視覺力抗衡，就要加物象，因此，在左側就形成了兩個物象，且中間斷開，增大左邊的體量。作者就用兩個物象的視覺力來達到一個物象視覺力的程度。

圖 111：新疆阿勒泰地區駱駝峰岩畫分析圖

來源：《中國美術分類全集》編委會：《中國岩畫全集》（西部岩畫 2），瀋陽：遼寧
　　美術出版社 2006 年版。

　　史前先民運用不同造型的圖像來達到平衡構圖的視覺效果。在阿勒泰市將軍山上有一幅射箭的畫面，畫面從中間向左右分開。左邊的射箭者較瘦弱，而右邊的動物則顯得非常大，為了使得畫面兩邊達到平衡性，作者將人後面的腿向後退卻一步，兩腿叉開，刻繪岩畫。先民將一些動物造型按照不同的面積刻繪在岩石上，有的左面大一些，有的右面小一點，來表達更加全面、均衡的心理感知力，充分突出史前人類的審美理念。創作者要將動物形象的美以逼真、抽象、誇張等藝術處理方法呈現在岩石面上，正是這些惟妙惟肖的形象在畫面的上下左右佔有不同的面積，才形成了具有視覺平衡性的岩畫

作品。如一幅青海海北藏族自治州剛察縣舍布齊溝的岩畫《騎獵》（圖 112），作者將畫面分割成左右兩部分。左邊刻繪的是一匹馬和一個站立的人，獵人手持弓箭待射，而右邊刻繪一個小動物似在奔跑。顯然，基於物象的大小關係上是不平衡的。為了達到平衡的視覺效果，作者將弓箭以及動物的朝向均朝向右邊，使得右邊的視覺力增加，引導人們的視覺向右邊看，這樣使得畫面形成一種平衡美。

圖 112：青海舍布齊溝岩畫

來源：《中國美術分類全集》編委會：《中國岩畫全集》（西部岩畫 1），
瀋陽：遼寧美術出版社 2006 年版。

總之，中國史前岩畫的作者運用畫面的心理平衡和物理平衡等方式在畫面上塑造出一些平衡性的岩畫構圖，它融匯了先民的審美情感、社會巫術思維以及宇宙生命體悟，將不同物象按照一定的平衡性有序地布置在畫面的上下左右。這種平衡性的構圖充分體現了原始先民憑藉自身的審美理念去探求二維平面系統中的內在生命規律和秩序性。可以說，這種平衡性的構圖是一種建立在早期的原始審美理念基礎上的一種謀求畫面穩定的方法，它將構圖中的「勢」隱現在畫面中的不同造型裏，在上下左右圖像之間建構一個活生生的生命美學式樣，並形成一種自由、多樣、動感的均衡審美情趣。

五、稚拙性

中國史前岩畫的構圖呈現了稚拙性的岩畫審美特徵。在我們目前所看到的岩畫圖像之中，大部分岩畫構圖比較稚拙。

　　第一，史前岩畫的構圖敘述著簡單的故事，從這些簡單的故事中來呈現史前岩畫構圖的稚拙性。原始先民將每一個單一造型組合成一幅完整的岩畫，以此表達他們心中的生活經驗和精神訴求。例如一些北方的狩獵岩畫，作者使用稚拙的構圖方式將獵物放在岩畫的任何部位，狩獵者拉弓待射，準備射向動物。有的岩畫母題表現生殖，先民就將一個男性和一個女性的性器相對來闡述他們內心中的生殖渴望。因此，史前岩畫的構圖給我們呈現出非常直白、質樸、笨拙的審美感受，他們運用最笨拙的線條去刻繪畫面中的各個不同的形象。

　　第二，稚拙的構圖體現出一種務實的功利傾向。縱觀史前各個階段的岩畫，我們發現，在這些稚拙的構圖背後凸顯了先民對物象的一種淳樸的藝術表達。如有的岩畫構圖是這樣的，有一位兩臂平伸且站姿的人，右手用線連接著後面的一條大魚，通過這種簡單而又樸拙的構圖來呈現先民的功利性。又如，內蒙古陰山地區有一幅動物交媾的畫面，畫面中有兩隻北山羊，一個在前，一個在後。後面的北山羊將動物的性器插入前面動物的臀部，表現了先民對動物增殖的巫術祈求。在一些岩畫之中，有的先民為了表示他們所崇拜的物象，就在單個人物圖像的頭上放置一個動物，還有的一個人物跪姿，在其上面有一個圓形太陽。這樣的構圖當然與宗教崇拜有關。由此可見，先民用這種稚拙的構圖鮮明的傳遞了某種功利性的目的。

六、本節小結

　　總之，中國史前岩畫的構圖特徵比較豐富，形式多樣，稚拙而又灑脫，自由而又浪漫，既體現了先民運用這類特徵來反映現實生活和生產內容，又彰顯了先民自覺的審美訴求和生命精神。這些獨特的構圖特徵充當了史前社會生活的見證人、敘述人，它以現實和功利、宗教巫術與藝術話語相互迭合，主觀地構置了一個包含人、物、巫、宇宙為合體的敘事框架。原始先民把單個形象隨心所欲的布置在岩面上，並利用岩畫畫面中的組合方式進行單個或多個敘事，他們非常注重憑藉著不同的構圖特徵給欣賞者帶來不同的審美感受。這些岩畫中的造型雄渾健壯，筆劃強勁開闊，構圖富有返璞歸真的視覺效果，從而形成了意義深刻、高低起伏的岩畫作品。

第四節　本章小結

　　綜上所述，中國史前岩畫的構圖是建構在史前先民對原始社會的思維模式、知識結構、宗教巫術、社會結構、氏族部落等基礎之上的，在那個遙遠的時代所產生的構圖藝術是我們中國傳統繪畫藝術的濫觴。史前岩畫藝術的構圖不但是史前先民對現實世界的一種記錄與復述，也是先民對自然物象的一種闡釋和創造。而且，岩畫的構圖代表著先民對未見宇宙的探尋之情，他們將這種未見的宇宙深深的藏匿於現實生活之中，由此溝通了先民對現實世界的體認和對未見世界的精神感悟。也正因如此，「中國岩畫在構圖要素、呈像特徵、題材意蘊等方面自成一格，不僅在世界岩畫中獨樹一幟，而且與史前的其他藝術，以及日後的中國繪畫相對照、相印證，展現了中國原始先民獨特的審美趣味，顯示了中國原始藝術的地域特徵與民族特徵。」〔註46〕他們運用敘事、場景、對稱、均衡、稚拙等構圖特徵去表達原始人類的生命精神，使得岩畫形象具有濃厚的人文情感和宗教色彩。可以說，史前岩畫中的每一個形象，均是先民用心穎悟對象、體察民俗、細緻入微觀察的結果，更是先民對現實物象的高度體認和和穎悟的結果。

〔註46〕朱志榮、朱媛著：《中國審美意識通史》（史前卷），北京：人民出版社 2017 年版，第 6 頁。

第四章　史前岩畫的審美意象類型

　　「意象」是人類實踐活動和審美活動的結晶，史前岩畫是原始先民審美意象創構活動的成果。「意象」包括物象、事象、主體創造性的擬象等。主體受客觀物象的感發，觸物生情，通過想像力體物的神，最終與物象交融，最終創構出虛實相生、情景交融的審美意象。在原始岩畫的世界中，先民通過對現實物態的審美觀照和情感融入，生發出對原始宗教和神意的虔誠信仰和屈從。他們一開始就借助於原始宗教巫術觀念並結合先民對事物造型的均衡、對稱、空間的領悟，採取「一種依附、順應、進入、融合、維持、和諧的立場、態度和行為，並進而將其釋之為『天意』『道義』。」〔註1〕同時，他們憑藉著不同的刻繪技法將主體心中之象「以靜態的形式在所加工的自然物上面呈現出來，」〔註2〕其中就暗含著先民對現實物象的模擬與主體對生命精神的體悟。這類創構出的意象被榮格稱為「原始意象」（A primordial image）。〔註3〕

　　汪裕雄在《審美意象學》一書中也將中國史前藝術意象界定為「原始意象」，並重視神話支配下的原始宗教和圖騰崇拜活動對「原始意象」創構的影響。他認為史前的造物實踐活動均是在神話系統支配下進行的，這種原始意象一般以感性的形式呈現出來，也就是我們所說的岩畫、陶器等形式。如在內蒙古烏海市苦菜溝的大角鹿岩畫中，先民將鹿角刻畫成高大的樹枝，其實是

〔註1〕鄧恩伯：《中國繪畫橫向關係史：絲綢之路與東方繪畫》，北京：商務印書館2018年版，第16頁。
〔註2〕汪裕雄：《審美意象學》，北京：人民出版社2013年版，第50頁。
〔註3〕〔瑞士〕卡爾·古斯塔夫·榮格：《榮格文集：原型與集體無意識》，徐德林譯，北京：國際文化出版公司2011年版，第5～8頁。

將其演繹為一種密碼，這類密碼不是被看作「純粹的符號，而是看作真實的護身符」〔註4〕，即那些太陽神的力量以及祈求生命繁殖的巫術符號。

史前岩畫意象是先民感悟世界、聆聽世界以及創造世界的重要途徑。朱志榮在《中國審美意識通識・史前卷》中講到：「歷代體現審美意識的藝術品和工藝品遺存，是美學研究的標本或化石。所有美學理論的創新都必須直面千百年來的審美實踐，直面呈現在歷代器物等作為審美意識標本和化石的遺存，它們是美學理論創新取之不盡、用之不竭的源泉。」〔註5〕史前岩畫意象是基於先民傳統的造物實踐活動而被創構的，每一個圖像都體現著原始先民的審美意識。他們運用觀物取象、模擬仿生、幾何造型、抽象象徵等造型原則將個人的情感賦予物象之上，創構審美意象，以象表意，以意顯象。如先民赤裸裸地描繪交媾和生殖活動，用不同屬性的點、線、面來歌頌原始生命之光華。史前岩畫作為一種意象，是一種內蘊或者鑲嵌在原始思維層面上的隱喻話語，是先民用各種符號表達特定的審美意義，用這些「會說話的形象」「透現出自然的真諦、生命的美妙。」〔註6〕由此可見，史前岩畫意象對當下研究審美意象依然具有重要的學術價值。

中國史前岩畫的審美意象主要分為自然意象、生活意象以及巫術意象三大類。

史前岩畫的自然意象是先民以獨特的審美視角，記載了史前人類與自然之間的特殊關係，體現了他們對自然物象和事象的高度體認和穎悟。自然中的萬事萬物是先民主要的審美對象，他們通過對這些自然物象和事象的描繪，來表達對大自然生命精神的高度崇拜和禮讚。生活意象是基於先民的生活場景創構的。這些意象給我們呈現了原始社會豐富而又生動的生活景象，諸如狩獵、交媾、圍獵、放牧等生產、生活場景。這些岩畫意象源自生活，又高於生活，形成了富有生活美學韻味的生活交響曲，是先民表達思想觀念和審美情趣的重要方式。巫術意象是史前先民受萬物有靈的原始思維的影響，創構出的特殊的宗教化的審美意象。可以這樣說，巫術意象自始至終都在伴隨著史前

〔註4〕〔德〕恩斯特・卡西爾著：《神話思維》，黃龍保、周振選譯，柯禮文校，北京：中國社會科學出版社1992年版，第64頁。

〔註5〕朱志榮、朱媛著：《中國審美意識通史》（史前卷），北京：人民出版社2017年版，第12頁。

〔註6〕陳望衡：《文明前的「文明」：中華史前審美意識研究》（下），北京：人民出版社2017年版，第617頁。

岩畫的發展與演化，它以巫術思想和場景為表現內容，通過視覺符號與原始巫術觀念相結合的方式，將現實物象進行抽象化、圖案化或符號化，給我們呈現了鮮明的狩獵意象、神靈崇拜意象、圖騰崇拜意象以及生殖崇拜意象等。這些巫術意象拓展了原始人類的心靈世界，高度還原並展示了先民們欲以此達到繁衍後代、驅邪避禍、溝通天地等巫術思維和巫術觀念，形成了一個具有濃鬱巫術氛圍的審美意象世界。

　　中國史前岩畫的審美意象是原始先民在觸物起情、體物得神的基礎，將感性的客觀物象經過主觀的加工、處理後創構的，它被史前先民理解為一種原始宗教與生命精神的深層次表達。這些置於不同區域並表現不同母題的岩畫意象高度體現了原始先民如醉如狂的審美情感、審美心理以及審美觀念。我們通過對岩畫所存在的場景、時間、地點以及區域環境並結合岩畫圖像作出比較合理、全面的闡釋，有助於探索和發現史前先民是如何通過岩畫意象來表達自己的審美情感的，有助於我們更深層地理解先民審美意識的演變和發展歷程。

第一節　自然意象

　　原始先民受到史前自然物象的感發，並對自然物象進行審美觀照，使得主體情意和物象渾融於一體，創構出自然意象。岩畫中的自然意象並非對自然物象的真實描述，而是先民表達主觀的情感與巫術信仰的意象化符號。它主要包括對道路、山石、天體、植物等自然物象的美學感知，它不僅僅凸顯了史前自然形態的多樣性，也體現了原始自然物象的生命無限性。先民將岩畫作為記錄自然、展現自然以及慰藉心靈的重要方式，也是先民寄託主觀情思和彰顯生命精神的重要載體。在一定程度上，它鮮明地體現了原始人類與自然世界的和諧共生關係，他們試圖用岩畫的自然意象去詮釋和表達對自然的理解。

　　先民以自然意象展現自然之美。在原始社會裏，先民將自然界中的一些物象的整體形態、曲折而又美麗的局部結構用具象或寫意化的方法記錄下來。無論先民繪製的樹木，還是花卉，它們都是先民將自己對自然物象的審美情趣如實地表現在岩石上。先民在社會生產過程中得到了大自然的恩惠和護佑，於是通過對不同自然物象的刻繪和描摹，將這種恩惠和護佑幻化為審美意象，體現了先民對於自然物象的真切審美感受。表現在動物圖像中，先民則是將

這種對自然的讚美集中在動物某個特徵上,例如先民用樹的造型來刻繪鹿角。他們認為「樹具有力量,是某些儀式的發源地。」〔註7〕它也是溝通天神的渠道。同時,大自然中的各種樹木造型在一定程度上也誘發了先民對樹的審美情趣,他們把樹的美麗形態與鹿角相結合,將鹿角誇張得比動物的整體還要大,創構出一個既體現宗教儀軌又呈現美麗造型的自然意象。如甘肅肅北別蓋鄉大黑溝的樹岩畫,(圖113)畫面上呈現了一棵由半圓弧線構成的樹,並且整個樹的樹枝走向均呈現出一定的秩序美,大半圓套小半圓,相互套疊。樹枝均運用圓潤的線條刻繪,半圓弧線條之間距離相等,粗細也一致,紋飾簡約而不失結構。又如雲南滄源的這幅干欄式住宅岩畫(圖114),畫中有人物、有鳥以及明顯的長杆子結構,高挑的屋角上站立了兩隻雞,正在對天鳴叫。這幅畫面上凸顯了原始先民與大自然世界和諧共處的原生態理念。「以農業生產為根基建立起來的華夏民族,從一開始就具有了一種安土重遷的鄉土情蘊和家園情結。他們耕耘撒播、辛勤勞作、無荒不嬉,在與天地萬物的迎送往來中身心得到了歸依和安頓。」〔註8〕他們通過對自然意象刻畫,來表達對美好自然物象的讚頌之情。

圖113:甘肅肅北蒙古族自治縣別蓋鄉大黑溝岩畫

來源:《中國美術分類全集》編委會:《中國岩畫全集》(西部岩畫1),瀋陽:遼寧
　　美術出版社2006年版。

〔註7〕〔美〕唐娜·L·吉萊特、麥維斯·格里爾、米歇爾·H·海沃德、〔墨〕威廉·
　　　布林·默里:《岩畫與神聖景觀》,王永軍等譯,銀川:寧夏人民出版社2017
　　　年版,第121頁。
〔註8〕張耕云:《生命的棲居與超越——中國古典畫論之審美心理闡釋》,杭州:浙
　　　江大學出版社2007年版,第263頁。

圖114：雲南省滄源佤族自治縣曼坎Ⅱ號岩畫點（局部）

來源：《中國美術分類全集》編委會：《中國岩畫全集》（南部岩畫2），瀋陽：遼寧美術出版社2006年版。

　　史前先民刻畫了大量的天體岩畫圖像，這是史前先民創構的自然意象的重要內容。他們將一些天體形象刻繪在岩石之上，包括太陽、月亮、星星、雲彩等物象。他們在日常生產生活中，面對強大的自然力量，認為自然界的日月星辰具有某種神秘的力量，把它們看成是神靈的化身。這些天體形象給先民帶來了溫暖、光明與恐懼，他們在希求得到天神庇護的同時，更害怕天體形象給他們帶來苦難。這種天體崇拜在一定程度上「既反映出原始先民對大自然的依賴思想，又在一定程度上表現了他們想征服自然的思想。」〔註9〕因此，他們就將這些具有「神性」的天體形象刻繪在岩石上，以此表達對天神的崇拜、信仰和畏懼。相繼出現了一些祭祀太陽的舞蹈、太陽鳥以及太陽神等圖像。大多天體造型形象均使用了圓形或者類似於圓形去勾勒外在輪廓。如在內蒙古磴口縣格爾敖包溝畔的崖面上，作者用平面剪影的手法刻繪了一個雙手合十、雙腿跪地的人，其頭頂上，有一個橢圓，應是太陽。這個人正在膜拜頭頂上的太陽。顯然，這幅畫反映了原始社會先民具有太陽崇拜的宗教觀念。在陰山岩石上也鑿刻了牧民正在祭拜太陽的場景。日、月、星、辰等天體崇拜的岩畫在連雲港將軍崖、賀蘭山、青海都蘭縣、雲南滄源、四川珙縣等岩畫點比比皆是，其中，表現太陽的題材居多。

　　先民運用擬人化（anthropomorph）的手法賦予日月星辰等以人格化的形象

〔註 9〕蓋山林：《中國岩畫學》，北京：書目文獻出版社1995年版，第144頁。

再現。大部分的形象均呈現正面造型，他們常常借助於兩個圓形互相疊合，然後在圓圈外面加上一些放射線，還有的表現星星就在岩石表面鑿刻大小深淺的小凹穴。他們將超自然的神力滲透進天體和宇宙中，把天體當做超自然的神來崇拜，實際上，史前人類對於這種天體崇拜就是一種人的物化和物的人化之間互相轉換的過程，把人的內心精神需求賦予了星星和太陽等諸多天體物象之上。這種藝術的塑造方式，是先民對宇宙天體的一種非常稚拙和樸素的認識。如雲南滄源猛省岩畫點上，有一個圓圈，圓圈中間有一道折線，這是盈虧時的月亮，月亮下面有兩個手舞足蹈正在跳舞的人，圓頭，三角形身軀，兩腿分開，在月亮的下面，是一些歡呼跳躍的人群，有的繪有豐滿的乳房，還有的手持對象，顯然這是一幅精彩的祭拜月神的場景。又如連雲港將軍崖岩畫（圖115）中有大量鑿刻精美的小凹穴，大小不一，深淺各異，大凹穴和小凹穴之間的間隔有一定的疏密安排，可能這個圖像是原始先民對宇宙探索的最外在直接的表達。這些凹穴大都呈現圓圈形，星星呈現小圓點，常常這些小圓點圍繞著農田岩畫出現的，有的星圖之間連成一條線，有的眾星圍繞著一個大月亮造型。這些小凹穴鑿刻沒有這麼規矩，它是對大自然世界中天象的模擬。通過對天象的模仿讓他們的內心獲得了一種高度的精神愉悅，並把這個圖像看成自己民族和天神交流的重要媒介。就像沃林格說的那樣，「一部藝術作品據之獲得美的特質的價值，一般如人們所述，就在於它的愉悅價值上，而這種愉悅價值有必定與那種心理需要構成了因果關係，這種愉悅價值滿足了人的心理需要。」〔註10〕

圖115：連雲港將軍崖岩畫

來源：自己拍攝

〔註10〕〔民主德國〕W・沃林格：《抽象與移情——對藝術風格的心理學研究》，王才勇譯，瀋陽：遼寧人民出版社1987年版，第14頁。

　　山石意象在中國史前岩畫的自然審美意象系統中具有重要的地位，這
與他們的思維方式和信仰有關。他們認為自然界中每一個物象都具有神性，
山石也不例外。他們用山石製造工具、建造房屋，從中又可以找到一些有價
值的東西。他們認為高處（山上）與天神更接近，於是祭拜活動多在山上或
石臺上舉行。先民對山石的崇拜可以從史前岩畫出現的位置判斷。史前岩
畫大多刻繪在山與石之上的，特別是一些懸崖峭壁，以此達到與神靈溝通、
發揮巫性的作用。如新疆吉木乃縣的一幅生殖岩畫（圖 116），畫面上呈現
了兩性正在交媾的場景。左側有一位較高大的男性，男性面對女性呈擁抱
姿態，並將自己的性器延伸到女性的女陰處。岩石和生殖崇拜形象相互結
合，岩石成為先民祈求天神幫助氏族或部落不斷繁衍子孫和增殖家畜的重
要平臺。

圖 116：新疆吉木乃縣岩畫

　　來源：《中國美術分類全集》編委會：《中國岩畫全集》（西部岩畫 2），
　　瀋陽：遼寧美術出版社 2006 年版。

　　史前岩畫中的自然意象都具有生命意識。朱志榮在《中國美學理論》一
書中說：「物我生命的對應關係，正是物我貫通的基礎。見芳草柔條而喜，
察勁秋落葉而悲，都是這種物我相互感發和交流的表現。」〔註 11〕自然的

〔註11〕朱志榮：《中國審美理論》，北京：北京大學出版社 2005 年版，第 174 頁。

生命與人的生命是相互連通的，只有掌握了生命精神就能夠貫通物我。中國史前先民受原始思維的影響，在岩畫中所刻繪的每一個植物以及日月星辰等自然物象，都可以看作是有生命、有情感、有神韻、有氣場的。當看待這些物象有生命和神韻的時候，將形式美規律賦予形象之中，它體現了一種「風姿神貌」。這些自然造型在原始先民看來均具有生命意識，它們是自然物象的生命化，是先民利用擬人化的藝術手法創構的融通物我之神的意象化創造物。

先民把自然意象視為自我生命的外部延伸，他們將生生不息的生命精神與自然物象貫通，並通過不同的造型、不同的構圖生動地展示出來，從而形成了具有生命意識的人格化自然意象。在這個時候，主體與客體的生命意識是融為一體的。如原始岩畫中的太陽意象多以人面像的形式出現。就是對太陽的崇拜和對人物的尊崇相結合而生成的一種體現主客生命意識的人面像，它不僅僅體現了先民神靈巫術思維，更為重要的是，這種表達揭示了先民與自然物象的融合為一，反映了自然物象既內蘊著人情的物態化，又兼具有物態的人情化，從而拓展了自我的生命意識。

自然意象不僅僅體現了先民對客觀自然物象的體悟，更為重要的是，主體還通過擬人化的方法豐富了自然意象的審美意蘊。史前先民在日常生產生活中經常對自然物象進行詳細的觀察和體悟，憑藉想像，將人的情感賦予自然物象之上，他們企圖憑藉著人與神靈世界建立內（心）與外（造型）的聯繫，使得物象（神靈）與人形成一種互為轉換的融通關係，用神靈圖像來護佑整個氏族部落。在史前岩畫中，特別是北方岩畫，刻繪大量的太陽人面像，這是先民將太陽和人物面部表情有機結合的典型形象，使得太陽「轉為對人情世態的表現，乃至借助神話賦予對象以盎然的意趣。」〔註12〕又如在中國寧夏的賀蘭口、意大利梵爾卡莫諾山谷以及北美印第安人岩畫中的蛙形人物，這些岩畫圖像最大特點就是在畫面中有一位四肢垂直向上或向下伸展的舞蹈人，他們模仿了青蛙的造型並且將青蛙具有生殖潛能的屬性來象徵著人類繁衍後代的能力，每一個舞蹈人的形象都是史前先民對青蛙內外形式的模擬與仿生。

〔註12〕朱志榮：《中國審美理論》，北京：北京大學出版社 2005 年版，第 175 頁。

圖117：新疆阿勒泰地區
阿勒泰市杜拉特岩畫

圖118：新疆駱駝峰岩畫

來源：《中國美術分類全集》編委會：《中國岩畫全集》（西部岩畫2），
瀋陽：遼寧美術出版社2006年版。

　　總之，中國史前岩畫的自然意象不僅是先民在原有感性自然物象基礎上對物象內在生命精神的靈心穎悟，而且是「兼具社會場景的物象，一虛一實，渾然為一，充分地契合於主體的心境，使每個鑒賞者的想像力得到淋漓盡致的發揮。」〔註13〕岩畫的自然意象是先民「近取諸身，遠取諸物」〔註14〕的結果。他們將現實物象與先民內在心理的需求相結合，形成了具有宗教和生活意味的岩畫意象。山、水以及宇宙星空等等自然物象都被打上了深深的宗教巫術烙印，並被賦予生命的意義。自然意象已經不再是現實中的式樣了，而是被原始先民賦予某種宗教寓意，成為象徵符號，如「事樹神」、「靈魂鳥」等。「它既是自然萬物在人心靈中的折射，更是人類自身情感表達的需要。」〔註15〕這些物象清楚地反映了先民對周圍事物的關心和熱愛，呈現出先民的美好期望。這些岩畫意象均是先民對現實物象的審美表現，每一幅自然意象均充滿著先民對現實生活的美好訴求和與願望，體現了先民的審美價值和審美意識。

〔註13〕朱志榮：《中國審美理論》，北京：北京大學出版社2005年版，第175～176頁。

〔註14〕黃壽祺、張善文：《周易譯注》，上海：上海古籍出版社2012年版，第343頁。

〔註15〕朱志榮：《中國審美理論》，北京：北京大學出版社2005年版，第74頁。

第二節　生活意象

　　岩畫的生活意象是原始先民以生活場景為基礎而創構的，充分反映了原始社會生活的情狀、方式以及結構，揭示了史前社會日常生活的不同面貌和情趣。如在南北區域的岩畫中就有放牧、帳篷、圍獵、舞蹈、漁獵等題材。原始先民運用模擬、寫實、半抽象、抽象、符號等造型方法全面地呈現史前先民濃鬱的生活氣息和生活氛圍。換言之，這些世俗化的生活場景不全是對現實生活的直接模擬，在很大程度上是先民在精神方面對原始生活的某種「投射」，對原始審美與史前藝術的一種深化和拓展。可以說，岩畫的生活意象是對現實生活的審美情感化呈現。

　　中國史前岩畫的生活意象是基於先民對生活的細緻觀察。史前岩畫中的各類生活圖像均是先民在日常生活和生產過程中的一種心理情趣外顯，他們時刻將自己所看到的生活物象或場景用一種最容易記錄的形式和方法將其「複製」在岩石上，每一個形象均是先民基於對現實物象的細緻觀察而被創構的。原始人類日常生活中的器物、各類形態、各類場景、宗教活動等都可以作為創構生活意象的基礎。從北方遼寧朝陽地區的相撲、虎牛斗等岩畫到南方臺灣省萬山的人面像，從東海之濱將軍崖的農作物岩畫到西部地區西藏的騎馬岩畫，都是生活意象的生動體現。有的描述大自然中的動物，有的描述獵捕和戰鬥情形，還有的描述人類的生殖活動，更有甚者將生活中的物象與神靈聯繫在一起等等。

　　先民認真地觀察原始社會生活中的事物、動作等，並以細緻的線條簡約地呈現出來，特別是生活場景中的一些激動人心的場景。先民在岩畫中刻畫動物奔跑時或靜止時的姿勢、人物捕獵時的動作、牽牛、交媾等場景，還有先民的服飾等，都是先民對生活中物象、事象的認真觀察。如在巴丹吉林曼德拉岩畫點上的村落和騎者岩畫，整個畫面就是一幅詳細描繪早期人類居住和放牧的生活場景。圖中用鑿刻的製作方法將村民所居住的錐體住宅詳細地刻繪出來。作者不但刻繪了錐體的外在造型，還將房屋內的空間用直線清晰地將其分割。更有意思的是，有的錐體住宅的每一層分割中還可以看出空間的大小、人員的配置和數量。顯然，這是一幅帶有極具審美意味的生活意象畫面。

　　史前岩畫中的生活意象是基於現實生活中的物象，經過作者的聯想與想像，將現實之像轉換成帶有審美意味的視覺圖像。不管是史前人類的狩獵

活動、放牧活動還是衣食住行都被原始先民進行有序地展現在岩畫中。一方面，先民長期從事社會生產與實踐活動，與環境緊密結合，這是生活意象創構的現實基礎。另一方面，史前岩畫意象的創構使得岩畫圖像更加具有生活氣息，是先民對生活場景的再現，或是對理想生活形態的一種質樸表達。不管是具象性的還是抽象性的岩畫，原始先民所繪製的這些作品都是在他們心目中同樣具有真實性。如連雲港岩畫《房屋和樹》，藝術家將其周圍的事物通過高度概括和歸納，運用極簡的長線或短線將物象的表面結構準確描繪出來。畫面中，右面是一座人字形的建築，建築呈現四分之三立體圖像，有屋頂，有斜坡，有屋簷，還有門和窗戶，在房子的下面有一道很長的橫線，這條橫線是「地平線」。這種圖像是建構在作者對於周圍事物的長期觀照基礎上，融匯了作者對房屋、樹的情感、想像、回憶等多種心理創造出來的。這是作者與物象溝通，達到心景合一的結果。又如新疆昌吉回族自治州呼圖壁縣康家石門子岩畫《鹿紋圖像》，整幅畫面採用鑿刻的方式將形象固定在較為疏鬆的砂岩上，鹿的角和體態盡顯特色，前腳和後腳均向前傾，整個形象生動逼真。創作者將「鹿」作為情感感發的對象，先民通過聯想與想像，運用變形、誇張和省略等造型手法和鑿刻的製作方式把鹿的身姿以及外部結構特徵盡可能的展現出來，使得這個鹿圖像承載著歷史的信息和先民的審美意識。

　　還有的一些生活意象是基於先民對宗教巫術的崇拜。在史前岩畫圖像中，有一些岩畫圖像基於某些物象的現實原型，在原型基礎上對圖像進行拓展和延伸，他們借助於想像力，把現實的生活物象化育為一種主觀內心之「象」，賦予圖像更深層地的宗教巫術意味，以表達先民的某種巫術崇拜。他們通過現實的一些生活場景來傾訴他們內心的宗教精神渴望，這些訴求往往伴隨著功利化的巫術情趣以及主觀意念化的審美形象而產生的。如生殖崇拜、天體崇拜、祖先崇拜或者動物崇拜。這些具有巫術性質的崇拜形式在一定意義上來說，是生活物象的化身而非真實的現實物象。如巴丹吉林有一幅動物交媾圖，前後各有一隻動物，前一動物略小，靜止狀態，整體造型呈現「Π」體態；後一動物站立，前腿抬起，後退直立，將性器官與前一動物的臀部相連，通過對動物交媾姿勢的現實性描述，來反映先民通過這種交媾圖像來獲得更多地動物，提升動物的繁殖率，以便增加先民的肉類供給，畫面清晰地反映了先民濃鬱的生殖崇拜意味。

在史前岩畫的生活意象中，描述動物的身形和體態的岩畫不算少數，特別是在北方的陰山、賀蘭山以及阿爾泰山等岩畫點，記錄生活在這些區域的許多動物意象及先民捕獵的場景。原始社會的動物種類比較豐富，有瘤牛、水牛、北山羊、馬、野牛、長尾猴、馬鹿、野豬、野驢等。〔註16〕先民在觀看現實動物的時候，史前先民首先要從實際功利化的視角著眼鑒別動物物種的屬性，然後又逐漸學會了基於審美情感和生命意味去判斷這些動物物象，〔註17〕更加注重對動物的身體進行審美觀照。他們利用線條或團塊作平面呈像，省略物象的細節，重點對其體形、姿態等最能體現其特徵的部位展開刻畫。他們重點將動物的側面影像呈現在岩石上，因為側面更有利於展示動物的矯健體態和優美的曲線。如先民在刻繪牧鹿時，重點突出矯健的體格：大角、小頭、細脖、肥臀，「而對狼則表現軀體強壯、四肢有力以及兇惡、殘忍的性格。」〔註18〕由此可見，原始先民已經認識到每一個動物的自身造型都有著明顯區別於他物種的特徵，並能精準地再現出具體物象的獨特之處。又如犛牛是史前苯教的神物，但早期犛牛的圖像和晚期犛牛的圖像是不一樣的。早期的牛頭向下低，牛角較大，背部高高隆起，尾巴較長。到了晚期的犛牛圖像，這種體形就變化了，牛角變得很小，背部顯得沒有這麼凸顯了，尾巴也變短了，甚至有的犛牛將四肢省略成兩肢。〔註19〕通過作者對原始時期動物自身體形與特徵的刻畫可知，一方面體現了先民對現實動物物象的熟知程度；另一方面，動物岩畫圖像作為一種人與動物相互溝通的媒介，是一種信息傳遞的方式，「甚至代表了特定的時空格局中某個或某些群體的共同信仰。」〔註20〕也傳達出先民對其崇拜之情。這些動物圖像豐富了史前生活意象的內涵和審美價值。

原始岩畫的生活意象還包括狩獵意象。狩獵圖像在南北方岩畫中都有出現，特別是在北方地區較多，如陰山、賀蘭山以及阿爾泰山地區。雲南滄源、西疇、元江等南方岩畫區域也有一些狩獵場景岩畫。在這些岩畫中，先民給我們呈現了狩獵的對象等信息。在一些狩獵岩畫圖像中，作者重在強調狩獵者和動物之間的動作互應關係，兩者形成一種相映成趣的視覺意象效果。人物的姿勢大都呈現站姿，雙腿前後叉開三十～四十五度角，有的狩獵者在雙腿

〔註16〕蓋山林：《中國岩畫學》，北京：書目文獻出版社1995年版，第85頁。
〔註17〕蓋山林：《中國岩畫學》，北京：書目文獻出版社1995年版，第199頁。
〔註18〕龍進：《陰山岩畫中的動物》，《化石》1987年第02期。
〔註19〕喬虹：《青海高原動物岩畫初探》，《青海民族研究》2013年第03期。
〔註20〕曲彤麗、陳宥成：《歐亞大陸視野下的史前早期雕塑》，《考古》2019年第10期。

之間有一柱狀物，可能是具有裝飾性的尾巴或者性器官，大多數獵手是一手持弓，一手拉箭，也有的是箭已經射了出去。臂膀呈現一個橢圓形，狩獵人的站姿與古代埃及的平面律的造型塑造方法極為相似。也有的獵人身著長袍，頭戴尖帽，腰挎長刀，或騎馬，或快步等。如巴丹吉林的一幅狩獵岩畫，畫面上描述了一個狩獵場景。在畫面的最上面是一個狩獵者準備將箭射向獵物，對面有鹿、牛以及羊等動物，有的動物四處逃散，有的站立但保持高度警覺。動物的形象很大，人物較小，在動物群中顯得很渺小，表現出了捕獵時的生動場景，整個畫面生動有趣。

原始岩畫中的畜牧意象呈現了先民放牧時的場景以及圖式，既體現了先民畜牧生活的情趣，又表現了北方草原濃鬱的生活氣息。在中國的南北方岩畫中，畜牧意象的數量僅次於狩獵意象，畜牧岩畫大多集中於北方，如內蒙古、甘肅、寧夏、新疆、西藏等地的岩畫點，〔註21〕南方也有少量的出現。畜牧岩畫包括：牧鹿、「牧羊圖、牧馬圖、出牧圖，倒場圖、牲畜役吏圖、牽馬圖、牽駝圖、戲羊圖以及由牧人與各種動物組合而成的各種畜牧圖式。」〔註22〕它再現了原始先民在「混合經濟」的狀態下的生活場景和生活方式。這類圖像往往將不同的動物放在一起，呈現群體模式，先民步行或者騎馬，形成了一種自由、奔放、活躍的場景氣氛。動物的形象，一般被史前先民進行誇張化的簡約藝術處理，「它們或是仰頭伏首，或是舉步慢行，或是放縱撒野，或是小憩、奔跑，或是母子親昵等等。」〔註23〕作者將那些現實的畜牧場景用一種有意味的形式表現出來，人物的動作與動物的姿勢交相呼應，呈現出畫面對原始生活的再現和還原。如在內蒙古阿拉善曼德拉山的岩畫《放牧》（圖119），畫面已經擺脫了對物象的寫實描繪。畫的左下角刻繪了很多騎馬並手持棍狀物的放牧人，畫面的右上部是一些動物，有的作奔跑狀，有的靜立，有的閒步，整個畫面運用平塗的手法，呈現出一定的形式美。

〔註21〕如青海的野牛溝、甘肅吳家川、黑山石關峽、馬鬃縣的洛多呼圖克、上霍勒札德蓋、大黑溝、寧夏北山老虎嘴溝、大麥地、劉莊村、白芨溝上田村、歸德溝東山梁、黑石峁圪墶、內蒙古曼德拉山、呼魯斯太蘇木地里哈日、夏勒口、白岔河、西藏的魯日郎卡、任姆棟、新疆的天山林場、阿爾泰奶牛場、駱駝峰、杜拉特等岩畫點。

〔註22〕寧克平：《中國岩畫藝術圖式》，包青林繪圖，長沙：湖南美術出版社1990年版，第15頁。

〔註23〕寧克平：《中國岩畫藝術圖式》，包青林繪圖，長沙：湖南美術出版社1990年版，第15頁。

圖119：內蒙古阿拉善右旗孟根布拉格蘇木曼德拉山岩畫

來源：《中國美術分類全集》編委會：《中國岩畫全集》（北部岩畫），
瀋陽：遼寧美術出版社2006年版。

　　史前岩畫的生活意象還包括先民對村落布局和建築結構的刻繪內容。在
雲南滄源岩畫丁來 I 號點，崖面上清晰地繪製了村落的整個生活圖像。畫面
上用褐紅色的線條勾勒了村落，呈現了先民們勞動與舞蹈的場景。在畫中，
先民所居住的房子呈現錐體，下面用某種材料作為基座，這一設計比曼德拉
山先民直接將房子建築在地面上更為先進。在整個村落中，先民用直線來表
示地面，用曲線呈現立體三維狀態。在建築的邊上，先民繪製了一些勞作的
人和正在舞蹈的先民，特別是有一個站在木棍頂端的巫覡，在其下面兩層，
有九個手舞足蹈的先民站在橫向的架構上，在最上面還有幾隻動物自由地奔
跑。整幅畫面真實再現了原始村落的格局，從中可以窺見原始人的生活水平
以及生活式樣。又如內蒙古曼德拉山岩畫中的《村落與騎者》（圖120），畫
面上先民用線條生動地刻繪了十六座錐體造型，在每一個錐體造型內，作者
使用橫線分割成幾層，正中的一座又高又大的錐體建築應是村裏的主體建
築，類似於部落首領議事的地方或者氏族成員公共的活動空間。在每一層都
有先民的身影。在村落的邊上，有往來的馬匹和騎馬者，整個畫面鮮明生動，
動靜相宜，給人留下一個無限的遐想空間。村落是先民生活的主要居住地，
他們用最精練的藝術元素經過誇張、變形以及置陳佈勢，將現實的村落經過
主體的體悟刻繪在岩石上。每一個村落的局部均是生命主體對現實村落的高度

概括和體悟，從而給受眾一個充滿無限遐想的「象」，這裡的「象」已經不是現實中的村落圖像，而是不受原有物象造型的限制，是按照先民內心中對村落的深層體悟而形成的「審美意象」。

圖120：內蒙古阿拉善右旗孟根布拉格蘇木曼德拉山岩畫

來源：《中國美術分類全集》編委會：《中國岩畫全集》（北部岩畫），
瀋陽：遼寧美術出版社2006年版。

岩畫意象的創構是史前人類對生活的記錄，通過岩畫意象去喚起人類對於史前社會的稚拙、樸素、神秘的情感追溯。蓋山林說：「岩畫藝術是人類為生存而鬥爭的圖解，是記錄在岩石上的史書，它像一個觀測古代人類智慧技能和生存方式的萬花筒，從中可以窺見古代人類工作勞動方式、經濟活動、社會實踐、美學傾向、哲學思想、原始思維和自然環境。」〔註24〕新疆、吐魯番地區托克孫縣柯爾城、阿勒騰尕松、西藏藏北、藏西的區域發現很多的狩獵岩畫，原始先民多攜弓弩、長刀等武器對獵物進行獵殺，他們雙腿叉開，一手拉弓，一手射箭，將那個瞬間的生活之像記錄下來，把這種現實之像利用藝術語言塑造、創構成生活意象。還有動物和畜牧場景的岩畫圖像，他們大都用簡化的線條勾勒了獵物的主要輪廓，強調生活的趣味和動物的自由自在。我們可以看到先民用簡約和寫意的造型方式對現實物象進行記錄，他們沒有對物象進行真實地模擬和抽象地昇華，而是在記錄的同時，把每一個造型均作意象化的藝術處理。比如內蒙古阿拉善曼德拉山岩畫《梅花鹿與樹》（圖121），畫面上用單線簡繪成鹿和樹的圖像，鹿靜止狀態，好似在觀察周圍的

〔註24〕蓋山林：《中國岩畫學》，北京：書目文獻出版社1995年版，第1頁。

動靜，鹿角被刻繪得又高又大，非常細緻。在鹿的旁邊是一棵樹，樹乾筆直，樹枝呈現雞爪狀，這充分體現了岩畫先民對生活中有意趣的場景的熱愛和再現，也反映了史前先民的生活觀念、審美情趣以及精神願望。

圖 121：內蒙古阿拉善右旗曼德拉山岩畫

來源：范榮南、范永龍：《大漠遺珍：巴丹吉林岩畫精粹》，
北京：文物出版社 2014 年版。

　　總之，史前岩畫的生活意象是建構在作者主觀心理和客觀現實相融合的基礎之上的，是反映史前社會生活的一面鏡子。它是原始先民在感悟動情中，對物象展開審美觀照，重點抓住並呈現了物象的典型特徵和表面形態。作者在創構意象的時候，主觀化地將整個現實生活空間縮小，將現實的大空間用藝術語言轉換至岩石之上，給我們呈現出原始環境的真切感和生動性。基於這種造型和空間圖像，表達出原始社會的一種拙樸和神秘的狀態。作者通過對物象進行模擬和象徵性表現的同時，原始先民將現實物象中的一些細節去掉並將這些細節轉化為精神之「象」，並超越了現實物象的原有造型和空間，把主體對現實物象的情感融聚為一種視覺圖形，使得先民的生活之「像」通過平面空間中的構圖、形式以及造型有效地傳達出來。

第三節　巫術意象

　　原始岩畫巫術意象的創構是先民基於原始社會「萬物有靈」的思想。它是原始先民把巫術思想強加於外在物象之後的主觀精神的外在呈現，是原始人類開展宗教巫術活動的情感紐帶和精神象徵。先民將萬物有靈觀念貫穿於物象生命精神的始終，使得所刻繪的岩畫洋溢著神秘的巫術宗教意味，更使得岩畫形象更好地發揮巫術的效能。先民把物象和巫術凝固在這種質樸而又稚拙的岩畫畫像之中，引導著他們與神靈世界交流。原始岩畫中所呈現的視覺圖像具有某種巫術魔力，特別是一些太陽神、狩獵形象、交媾形象以及誇大某個形象的岩畫等。無論這些岩畫圖像是否施行交感巫術，「還是用於生、老、病、死各個階段的儀式，或是描繪神話動物，抑或代表人們在恍惚狀態下看到的靈獸，多數學者都認為，這些動物圖像絕不僅僅是藝術家對生活中觀察到的動物的簡單再現。」〔註25〕在一定程度上它是原始宗教巫術的典型表現。其中貫穿著原始岩畫意象的醞釀、創構與呈現，喚起了史前先民的宗教崇拜激情，反映了原始先民的心理活動和情感寄予。原始先民通過岩畫的意象內涵呈現出原始宗教巫術的神秘性和可怖性，體現了原始先民對岩畫符號的宗教情感寄託。

一、狩獵巫術意象

　　狩獵巫術意象在整個岩畫意象中是重要的部分之一，特別是在北方岩畫區，大量的狩獵岩畫均帶有巫術意味。每一個動物的造型和每一幅岩畫的構圖都是一種宗教巫術的預設。他們以現實物象為基礎，去創構他們心中最適合、最完美的巫術視覺之像。他們憑藉這種岩石之像，期望發生在即將進行的狩獵活動中。

　　狩獵岩畫充滿著對薩滿教儀軌的尊崇。史前岩畫的狩獵母題是基於狩獵巫術而產生的，而且許多原始狩獵岩畫都是巫術宗教化的產物。原始先民信仰薩滿教，他們認為骨頭是生命和靈魂的棲息地，因而獵殺動物後，將其肢解，肉全部吃掉，只剩骨頭，而骨頭則是儀式的本質所在。以骨頭作為媒介，巫覡在做法時才能從昏迷的狀態喚回被殺動物的生命，並且這些動物的生命可以通過

〔註25〕〔加〕吉納維芙・馮・佩金格爾：《符號偵探：解密人類最古老的象徵符號》，朱寧雁譯，北京：北京聯合出版公司 2019 年版，第 189 頁。

骨骼來重新構建生命體。J‧G‧弗雷澤在他的《金枝：巫術與宗教之研究》中說，許多米尼塔利印第安人相信：「那些殺後去了肉的野牛骨頭會長出新肉，從新復活，到來年 6 月就長胖可供宰殺了。」〔註 26〕那麼，對原始社會的狩獵者而言，原始岩畫被創構和觀賞的地方也就相當於先民們將動物的肉剔除掉，而用動物的骨頭進行祭祀的場所。他們「醉心於描繪大型動物，如馬、歐洲野牛和猛獁象——這並不奇怪，因為我們很大程度上要依賴它們為生，之所以把它們畫出來，可能是為了召喚某種魔力，來幫助我們更好地狩獵；又或者在召喚某種靈獸——部落的薩滿會代表我們與這些靈獸對話。」〔註 27〕並在遙遠的一段時間內，動物不斷地增殖並使得肉類比以前更多。在這裡，我們相信，原始狩獵岩畫是和一定的薩滿教的儀式儀軌有著密切聯繫的，他們一個部族有 40%以上的人都要參與到狩獵前的薩滿祭祀活動中，〔註 28〕他們不停地唱歌和跳舞，就是為了尋找肉食，薩滿想借助獵物的圖像去看見凡人看不到的景象。如內蒙古陰山的《群虎》岩畫，在畫面的最上部分，老虎將駱駝以及其他小動物的肉都吃掉了，只剩下骨骼了。整個群虎圍繞著駱駝並形成了一個半圓形式。這裡面可能就暗含著原始先民利用薩滿教的儀軌來祈求動物的增殖巫術。不過在這裡，這些老虎身上的線條也有可能與骨骼有關。一些狩獵儀軌有可能是這種宗教儀式的副產品，這就說明原始人類食肉有著兩個方面考慮：一是肉類是人類生活所必需的食物，因為肉類中有人類腦細胞和中樞神經發育所必需的不飽和脂肪酸、亞油酸以及亞麻酸物質。〔註 29〕另一方面，是為了符合薩滿教儀式儀軌使其動物能夠繁衍並成為後代人的獵物。如在陰山岩畫中有一幅骨骼式樣的牛，整個牛隻剩下了牛骨，這幅畫的內涵可能就是讓牛從它的骨骼中再生，並成為明年狩獵者獲取肉類食物的重要對象。

　　原始岩畫的巫術意象表現了先民企圖運用圖像來預演狩獵的場景，達到狩獵成功的目的。狩獵預演是原始社會人類狩獵時必然要發生的一種模仿性

〔註 26〕〔英〕J‧G‧弗雷澤：《金枝：巫術與宗教之研究》，汪培基、徐育新、張澤石譯，汪培基校，北京：商務印書館 2013 年版，第 829 頁。

〔註 27〕〔加〕吉納維芙‧馮‧佩金格爾：《符號偵探：解密人類最古老的象徵符號》，朱寧雁譯，北京：北京聯合出版公司 2019 年版，第 76 頁。

〔註 28〕〔加〕吉納維芙‧馮‧佩金格爾：《符號偵探：解密人類最古老的象徵符號》，朱寧雁譯，北京：北京聯合出版公司 2019 年版，第 223 頁。

〔註 29〕陳勝前：《人之追問：來自史前考古學的思考》，北京：生活‧讀書‧新知三聯書店 2019 年版，第 51 頁。

的現象，這種現象必須要通過事前進行排練、協調和統一狩獵行為，憑藉著排練過程中的模仿行為來使得大家都能互相學習到狩獵的經驗以及行為語言，並在真實的狩獵過程中能夠形成統一的動作，以致於達到狩獵成功的目的。〔註30〕同時，這種狩獵儀軌要處於一種原始思維的觀念下進行，也就是他們認為整個大自然的萬事萬物均充滿著靈物，靈物才使得自然界處於一種繁榮的狀態。所以，他們相信狩獵模仿行為與真實的狩獵行為之間存在著某種神秘的聯繫，即「原始人所想像的和他一旦想像到了就相信的前件和後件的神秘聯繫中：前件擁有引起後件的出現和使之顯而易見的能力。」〔註31〕很顯然，這種模仿行為在一定意義上來說是一種超現實的動物崇拜或者祈求神靈觀念，它既在客觀上給我們呈現了原始人的狩獵巫術和狩獵場景，又對現實中的狩獵活動發生著巫術的影響力。而模仿與現實之間存在著模仿行為和索取物，先民用這種關係來形成某種物象之間的超時空的互聯，把一個虛擬物體的推動力傳輸給另外一個現實化的物體，在原有物象與圖像之間形成了「互滲」行為，他們無非為了展示先民最想去尋找一頭最強健、最肥碩的動物，憑藉著這個圖像來影響現實動物的屬性以及生命活動。這就意味著，通過肖像來影響原型。為了實現這種預演活動，先民在進行捕獵動物之前，將情感灌注於一系列的比較複雜的具有預演性質的狩獵儀軌之中，他們相信在模仿活動中使用的物能夠可以影響到真實的狩獵行為，例如舞蹈、祭拜動物形象或者在岩石上刻繪有關狩獵動物的圖像等。先民會戴著動物的面具，象徵著正在被模仿的獵物，他們通過這些富有運動化的視覺圖像與現實的狩獵願景形成了某種聯繫，包括箭、人、動物以及狩獵技巧與姿勢等，試圖借助模擬圖像的超自然力量對物象進行感知和控制，從而達到成功捕獵的目的。也就是說，原始人認為，在模擬捕獵活動的時候能捕殺到野豬或者猴子，那麼，在實際的捕獵活動中也能捕獵到同樣的物象，從而建構一種模擬捕獵的巫術場面，使用巫術的方式，提升獵捕動物的信心，進而導源出一種愉快的感受。他們基於物象，但又超越物象，以岩畫圖像來展示先民的意圖，為將來的真實狩獵做一個事前鋪墊。最明顯的例子就是陰山、賀蘭山等地的狩獵岩畫，他們有的刺中動物的臀部，有的將動物團團圍住，還有的動物直接倒地，

〔註30〕王繼英：《巫術與巫文化》，貴陽：貴州民族出版社 1993 年版，第 12 頁。
〔註31〕〔法〕列維-布留爾：《原始思維》，丁由譯，北京：商務印書館 1981 年版，第 67 頁。

這些岩畫大都具有對狩獵成功的祈願。又如在內蒙古陰山有一幅雙人狩獵岩畫，在一隻巨大的羊的前面有一個人拉弓射箭，將箭射向了羊的頭部，而後面則將箭射中了羊的臀部和軀體，整個羊的身軀遍布了被射的箭。可以說這兩幅作品憑藉著運用巫術行為來體現此次活動的目的：掌握狩獵的基本技巧，並自覺的配合其他狩獵成員的狩獵行為，保證狩獵成功。這種狩獵預演的活動其實就是對捕獵活動的一次真實的操練，以此活動來幫助先民樹立和增強捕殺野獸的信心和力量。

在雲南滄源曼坎Ⅱ號岩畫點上有一幅《捕猴圖》（圖 122），畫面上用赭石粉末摻雜黏合劑繪製了九個人物形象以及十隻猴子，在畫面的上方有兩個人手持網狀工具，等待著猴子自投羅網。在與猴子比較靠近的地方，有一個人雙手平伸，好似在驅趕猴群朝向上面的獵網，在猴群的下面還有幾個人在雙臂平伸也好似在驅趕動物，畫面上形成了比較熱鬧的捕獵畫面。這樣利用網狀物象進行巫術捕獵的岩畫還存在於雲南滄源岩畫猛省、貴州丹秦縣石橋大簸箕寨銀子洞以及貴州關嶺牛角井白岩腳等岩畫點。湯惠生認為這種網狀物是抓捕獵物的「陷阱」，網狀物是向動物施以巫術魔法的標記，它體現了薩滿教的儀軌和特徵。我們認為，既然網狀物是與動物、人物共同發生在一個場景內，那麼，必然形成了具有主觀狩獵巫術的功利目的。網狀物是現實物象在先民頭腦中的巫術反映，它已經超越了現實的造型，用一種更加抽象的形式在頭腦中轉換為一個似與不似、物我相融的藝術造型。網狀物象是對即將狩獵或捕獵的場景的一種巫術結構預設，這種物象展示薩滿教的儀軌和狩獵行為，因為網狀形式與薩滿教的巫覡的穿著有著異曲同工之妙。網狀物使他們相信：先民們運用這種體現著巫術的網狀物內蘊著先民能夠抓住他們想獵捕的物象，用畫出來的網狀形象召喚某種魔力或某種靈獸，起到一定的遙感控制功能，來幫助史前先民更好地獵捕動物。又如在巴丹吉林有一幅《獵野豬》（圖 123），畫面上方有一條犬，在犬的下面有一位獵人，手持弓箭，弓箭笨重，箭已經射向前面野豬的臀部。畫面整體反映了先民通過用筆簡約、風格質樸、形象逼真的岩畫造型去表達狩獵成功的美好願望。

圖 122：雲南省滄源佤族自治縣曼坎 II 號岩畫（局部）

來源：《中國美術分類全集》編委會：《中國岩畫全集》（南部岩畫 2），瀋陽：遼寧
美術出版社 2006 年版。

圖 123：巴丹吉林岩畫

來源：范榮南、范永龍：《大漠遺珍：巴丹吉林岩畫精粹》，北京：文物出版社
2014 年版。

　　總之，中國史前狩獵岩畫中的每一個點或者線條都充斥著原始宗教思維
對造像的影響，這些不同形式的狩獵圖像可能用於特定的宗教儀軌，以此來

實現先民對現實世界與幻象世界的隱秘結合。先民為了能確保狩獵成功，在史前先民居住的區域或者空曠的地方設立一塊岩石，並在岩石上刻繪一些模仿當時狩獵場景的圖像，憑藉著這個場景對真實狩獵時的技巧、布局以及對象進行有章法的預演，充分表達了作者借用這種狩獵預演活動來達到對於狩獵戰術、技巧以及人員的完全掌控。在這裡，狩獵巫術意象始終是以現實感性物象進行全身心的體悟活動，岩畫圖像的生成其實就是一個主體對客體認知和「神合體道」的過程，「在圖像所表現的動物與人類賴以為生的狩獵動物之間，也存在著更多的關聯性，」〔註32〕他們用比較簡約的二維視覺圖像去表達先民內心世界的狩獵需求，將岩石之像與心中之象共同揉合成一種具有神秘巫術性質的傳播媒介，二維圖像與受眾的特定心境相契合，從而蘊含著主體對物象的情感和期望。

二、神靈崇拜意象

在原始岩畫意象的創構活動中，神靈崇拜意象已經遍及到中國南北岩畫的所有區域。總體來看，在史前社會，先民對於自然界中的一些現象不理解，在無法作出解釋時，就訴諸「萬物有靈」的原始神性觀念。岩畫中的各類造型是先民表達這種原始觀念的重要方式之一。中國史前岩畫中的神靈崇拜具有鮮明的原始性、功能性等特徵。研究神靈崇拜意象，對我們探究原始巫術文化視野中的各類神靈特徵、背景、類型以及呈像方式等方面提供了重要的參考資料。

史前岩畫的神靈崇拜意象分為動物崇拜意象、圖騰崇拜神靈意象、神像崇拜意象、太陽神崇拜意象、天體崇拜意象、骷髏崇拜意象、祖先崇拜意象以及生殖崇拜意象等類型。這些類型的神靈意象均與先民的日常生活有著千絲萬縷的聯繫，體現了「天人合一」的核心宗教思想。他們「先是通過特定具體形象所構成的象徵，把某些特定的物體當做具有超自然力的活物加以崇拜，來寄託某種朦朧的幻覺。」〔註33〕散刻於內蒙古烏海和陰山的太陽神、連雲港將軍崖和臺灣地區萬山的人面像、南北方的動物岩畫、廣西左江舞蹈岩畫舞者頭上的鳥形和狗形等岩畫就是例證。

〔註32〕〔加〕吉納維芙・馮・佩金格爾：《符號偵探：解密人類最古老的象徵符號》，朱寧雁譯，北京：北京聯合出版公司2019年版，第211頁。
〔註33〕梁振華：《桌子山岩畫》，北京：文物出版社1998年版，第44頁。

　　這些類型的神靈圖像是建構在萬物有靈基礎上的原始巫術產物，雕刻者賦予自然之物以一定的象徵觀念，「企圖用擬人化的自然物——人面像，即各種神靈，去控制、限制、影響自然界和自然物。人通過對神化了的自然物的祭典、乞求和獻媚，以博得支配自然物的神靈的歡心，達到自然物順從人、人支配自然物的目的。」〔註34〕。從這一理論中可以看到原始神靈崇拜的意象性、功能性和神秘性。先民所創構的神靈圖像均是由心感悟而生發的。這種主觀之「象」是按照主體心中的人神重疊的心象造型來塑造的，他們從現實的動物、英雄以及長老等形象中提取元素。因此，這個意象化的形象是基於現實，又具有一定的現實超越性。

　　在史前社會裏，神靈意象具有認知功能。在原始社會，史前社會的物質生產實踐活動和精神活動是神靈意象產生的現實基礎。〔註35〕「那些超人或尚未發展成人的生靈，那些具有巨大魔力的神靈鬼怪，那些像電流一樣隱藏在事物之中的好運氣和壞運氣，都是構成這個原始世界的主要現實。」〔註36〕面對新的世界，先民對周圍的物象處於一種陌生而惶恐的狀態。同時，人類的思想受到原始巫術不同程度的影響。可以說，在先民看來，萬事萬物都是具有神性的，其生活與生產都要依賴於這些神靈的護佑。因此，原始社會是一個具有神靈時代的社會。他們看到天上的飛鳥，就認為那是會飛的神靈，就在岩面上刻繪一個雙臂展翅欲飛的鳥人影像。他們看到了太陽給予自身溫暖和恐懼，先民就用一些人類的面孔在太陽結構內栩栩如生地刻繪了人面所具有的喜怒哀樂的表情。他們認為人類起源於或者被某個動物和植物護佑著，雲南滄源和左江的先民就在頭上繪製一個動物的圖像，並將其放置在主要的位置上等等。總之，史前社會的神靈意象具有主觀視野下的宗教認知功能，他們所創構的任何一個物象均具有神靈意象的因子，這些神靈意象的主觀獲得、凝聚均是以現實實踐活動為基礎的，也都是先民內心與神靈物象相互溝通的結果，從而具有明確的神話色彩和現實功利性。

　　岩畫先民對於這種神靈崇拜的表達主要與經濟生活息息相關。一切藝術都是經濟生活的深刻反映，神靈巖畫意象也不例外。在史前社會裏，原始神靈意

〔註34〕蓋山林：《中國岩畫學》，北京：書目文獻出版社1995年版，第251頁。

〔註35〕王懷義：《中國史前神話意象》，北京：生活·讀書·新知三聯書店2018年版，第165頁。

〔註36〕〔美〕蘇珊·朗格：《藝術問題》，滕守堯、朱疆源譯，北京：中國社會科學出版社1983年版。第11頁。

象起源於古代人類社會經濟生活的本能需求，一些動物和自然物象給原始人類帶來了有意於自身經濟發展的便利，如滿足人類的生活需要、保障農作物豐收以及先民們能及時抓到獵物等，使得先民轉向對於自然界和外部動物和物象的依賴和祈求。如在原始岩畫中出現的蛙、牛、虎、羊、狼等形象，起初這些動物圖像作為原始先民的一種記錄方式出現在岩畫上，隨著狩獵經濟和畜牧業經濟的發展，原始先民把圖像作為表達神性思想的主要形式，他們認為只有對這些動物神靈進行崇拜，才能使得他們的社會經濟生活變得更好，更順利。並「使它的魔力按照人類自身的意圖去施行。」〔註37〕如在內蒙古烏拉特中旗呼魯斯太蘇木地里哈日的《獵野牛與舞蹈》（圖124），整幅畫面形象反映了狩獵採集經濟視野下的神靈崇拜。岩畫上有兩個人物正在跳狩獵舞，下面是一頭牛，面積較小，在牛的左邊斜角處有一個人拿著弓箭正對準野牛。由此可見，原始先民為了解決經濟方面的問題，他們利用舞蹈來娛神，希求狩獵神靈能保佑他們獵捕到動物，並以此表達史前先民對美好經濟生活的期望和希冀。

圖124：內蒙古烏拉特中旗呼魯斯太蘇木地里哈日岩畫

來源：《中國美術分類全集》編委會：《中國岩畫全集》（南部岩畫2），瀋陽：遼寧美術出版社2006年版。

〔註37〕張曉凌：《中國原始藝術精神》，重慶：重慶出版社1992年版，第198頁。

　　神靈崇拜是史前原始信仰在現實生活的「社會投射」。杜爾幹在《宗教生活的初級形式》中就提出神靈、靈魂等宗教觀念與意象都是史前人類社會中一個重要投射〔註 38〕。這種投射是在原始思維和原始神靈的「護佑」下形成的。史前人類對於事物總是帶有某種神格性的情感色彩，他們將對物象的懼怕和崇拜用視覺圖像呈現出來。由此可見，在先民看來，神格化的神靈圖像要比在現實生活環境中的物象有更高的地位和權力。神聖性是最具有威懾力的情感訴求和精神回歸，也是創造者將現實生活的社會物象通過這種集體表象的形式表現出來，給人們提供一種「理想化」的物質世界意象。如在夏拉木岩畫中有一幅舞者的岩畫，整個岩畫就用土紅色繪畫了一個舞者，五官清晰、動作姿勢自由奔放、四肢細長、兩手各拿一飄帶，生殖器既粗又長，顯然是通過圖像來讚頌生殖神，祈求繁殖生命。又如雲南大王岩畫中對祖先神靈的呈現，反映了對偶婚時代人類的信仰和生活。在這裡，史前人類通過誇大女性和男性的生殖有關的部位或直接表現男女之間的交媾等圖像來達到後代繁衍的巫術目的，這種意象表現是通過圖像與現實生活中男女之間的現實「體驗」共同創構而成的。

　　神靈崇拜通過岩畫的外在圖像形式進行闡發。趙憲章在《中國中外文藝理論學會通訊》中刊載了一篇文章中說：「繪畫的色彩造像、舞蹈的身段動作、音樂的聲調韻律等等，都指向自身。這就是藝術符號之所以是藝術的獨特形式，完全不同於非藝術的、實用的符號。既然這樣，研究藝術就應當從形式出發，通過形式闡發其中所蘊含的意義。否則，『超越形式直奔主題』，那就是將藝術當做非藝術了。」〔註 39〕從他的話中，我們得知，藝術的內在意蘊以及象徵性是通過視覺圖像的外在形式來展現的，外在的形式承載著圖像的內在意蘊。在史前岩畫藝術中，史前先民表達了對各種神靈的崇拜，用點、線、面等美術元素共同構成了岩畫圖像的最外面的形式。如先民在表達對太陽神的崇拜時，利用人格化的方法將太陽的輻射線和圓圈加上人的五官共同構成圖像的外在形式。陰山地區有一幅《拜日》岩畫，這是一幅崇拜太陽神的岩畫。整個圖像分為上下兩部分，上部分為似圓狀。下面是一個雙手

〔註 38〕　〔法〕E・杜爾幹：《宗教生活的初級形式》，林宗錦、彭守義譯，北京：中央民族大學出版社 1999 年版，第 73～75 頁。

〔註 39〕　趙憲章：《通過形式闡發意義——趙憲章教授訪談錄》，《中國中外文藝理論學會通訊》2019 年總第 11 期。

合十，將合十的雙手舉過頭頂並且雙腿跪地對太陽神行頂禮膜拜大禮。整個崇拜者使用陰刻方式，人物形象盡顯出略形取神的造型手法。一方面，拜日圖像的外在形式承載著神靈崇拜的面貌和內涵意義，以圓圈象徵著太陽神，也體現了原始先民對世界和諧秩序的一種渴望和衝動，而雙手合十的先民則呈現對太陽神的一種虔誠的崇拜，先民用極其簡略的圖像將先民對自然物象的崇拜展現到了極致。另一方面，這種外在的形式被先民賦予宗教的功能，借用拜日這種形式來樹立神靈的威嚴，以便統治階級進行統治，以此達到娛神的目的。其他還有如對生殖神的崇拜是以呈現出交媾或者誇大性器的面貌為外在形式的。崇拜蛙神，其圖像的外在形式表現為雙前掌向上，雙腿向下或叉開。

先民在創造岩畫時，其所描繪的任何題材的崇拜之物，均帶有神性巫術思維。先民在創造岩畫時，是依據實際生產和生活中所崇拜的物象進行模擬和仿生的，他們描繪的物象都很生動，富有生命力。如對太陽神的崇拜就極力將人面與太陽形態相互結合，呈現出太陽神擬人化表情。他們看到太陽給我們溫暖以及保證氏族繁榮，他們用人面和太陽相結合，利用視覺圖像將他們心目中的太陽神表述出來。先民對生殖神的崇拜也是極力模仿現實生活中的交媾行為，或是誇張人體的性器官。有的先民模仿動物的形象，學動物如何走路或跳躍等等，在他們看來，模仿得越逼真，就越能代表和彰顯原型自身，其巫術效力就越強。雲南大王岩畫、廣西左江花山岩畫以及各大岩畫區中的杯穴岩畫等等，它們都均具有以神性的方法對對象進行模擬。

在史前社會中，圖像是先民表達巫術觀念、內心活動和審美情感的重要手段。一方面，岩畫圖像詮釋著現實的物質實體的基本信息，具有一定的記錄功能；另一方面，岩畫圖像有其更深層的象徵意義，這種不可見的意義是主體與客體之間的某種圖像延伸或者以圖代意。如寧夏賀蘭山大西峰溝的岩畫，圖中有一位女性側躺，分腿屈膝，男性站立在女性的上方，作交媾姿態，男性的性器官被誇張得又大又長，交媾者的後部有一個手持弓箭手的男子瞄準男性的背部，「弓象徵女陰，箭象徵男根。執弓搭箭就意味著兩性交媾。如果施加巫術的魔力，弓箭圖像就有了增強生殖力的作用。」〔註40〕這種象徵性的形式在古代岩畫中常常發生。又如寧夏賀蘭口一幅《人面像》的岩畫，圖中隱隱約約有蛙人體和人面圖像。這幅作品有效地體現了人與神的結合，

〔註40〕陳兆復：《古代岩畫》，北京：文物出版社 2002 年版，第 183 頁。

雖然是簡單的幾筆，但是折射出史前人類對生命的體認和穎悟，也滲透著創作者對宇宙物象的理解和想像。

　　神靈意象是原始人類主觀創構的藝術形式，具有鮮明的主觀性。神靈意象的原型，是植物、動物、人物等，「山林川谷丘陵能出雲，為風雨，見怪物，皆曰神。」〔註41〕每一個部落都將自然物象昇華為神靈意象，以藝術符號的形式呈現自己氏族所信仰的神靈，這些意象被先民們主觀地賦予了某種象徵性的神靈內涵，從而使得這個非世俗的物質空間具有神性特徵，〔註42〕並期待這個非世俗的物質空間中的神靈產生強大的庇護力來護佑整個部落。這些意象都是人類主觀創構的，它基於對現實物象的恐懼或者熱愛的心理情感。神靈的形象均是按照先民內心所需要的造型塑造的，因而具有一定的差異性。原始先民通過鑿刻或者磨刻的技法所創構出來的圖像，融匯了感性形式和超感性內涵為一體，並用各種造型去呈現某種被原始人類故意放大和強化的神靈觀念，希望這些神靈能保佑他們的安全和生活。因此，原始岩畫中的神靈意象是先民將想像中的神靈圖像以一種主觀化的藝術符號表現出來的。如內蒙古磴口縣蘇木圖溝畔有一虎圖像，其腹下騎者的長度僅及虎的五分之一；狼山炭窯溝南口西壁岩畫中巨牛頭前面的人高僅是牛高的五分之一，「這種現象絕不是偶然的，牛和虎因具有強大的力量而被神化，是高於人的神。」〔註43〕廣西左江、福建仙字潭、呼圖壁康家石門子等地區的岩畫中的蹲踞式人物形象符號被美國女考古學家金布塔具體闡釋為一種關於生殖女神的形象。麻栗坡這兩個體形巨大的神像大概是原始社會的男女保護神或者是祖先神。在巨大神像的左右或者下面有一些被神靈庇佑下的人間生靈正在對神靈頂禮膜拜。〔註44〕這種現象在世界岩畫藝術中是一個比較普遍的現象。如澳大利亞「汪吉納」神像是當地土著民族把人面和人面形人物結合在一起，形成了具有主觀情感色彩的原土著居民心中的神像。〔註45〕先民正是利用這些

〔註41〕（清）阮元校刻：《十三經注疏》（禮記正義·卷四十六），北京：中華書局 1980 年版，第 1588 頁。

〔註42〕張曉凌：《中國原始藝術精神》，重慶：重慶出版社 1992 年版，第 57～58 頁。

〔註43〕斑瀾、馮軍勝：《陰山岩畫文化藝術論》，呼和浩特：遠方出版社 2000 年版，第 53 頁。

〔註44〕陳兆復：《中國岩畫發現史》，上海：上海人民出版社 1991 年版，第 196 頁。

〔註45〕李祥石：《世界岩畫欣賞》，銀川：寧夏人民出版社 2017 年版，第 295～296 頁。

靈動的點、線、面等藝術符號，意象化地將原始人類對神靈的主觀敬畏之情呈現出來，彰顯了原始人自身的力量和願望。

　　史前岩畫意象是先民運用擬人化的手法來表現神靈形象的。在史前人類的視角裏，整個自然界都充滿著神靈和超自然能力，在山上，在水中，在帳篷裏，在懸崖峭壁上，等等，可謂是無處不在。不同的神靈又與人存在著連通關係，人類的舉動都會影響到神靈的情感。於是，先民就開始崇拜神靈，希望神靈能夠幫助他們實現某種目的。這種崇拜顯然是基於虛幻的想像力之上的，並以擬人化的方式表達出來。就這樣，植物、狗、太陽、蛇、月亮等等物象都被原始人類賦予某種超自然的神力，這些物象所呈現的每一個狀態都會引起原始人類對它們的崇拜和眷顧。如在寧夏賀蘭口溝內南壁的人面、動物與人物舞蹈岩畫，畫面中間雕製成一個具有神格性的人物——部落首領或巫師，在其頭部有一柱子，人物通過這個柱子來溝通天地和萬物，其周圍布滿了跳舞的人形、動物、以及狩獵場景。這些意象群共同構建了一個在巫師的帶領下，具有「禮儀」形式的祭祀場合。再如內蒙古烏海市桌子山召燒溝的太陽神岩畫（圖 125），整幅畫面刻繪了一個太陽神形象。太陽神形象整體採用抽象化和符號化。藝術家模仿了人類臉部的五官造型及其位置進行形象的創構。五官均呈現寫意化的造型特徵，臉部中間是鼻子還是眼睛已經不那麼重要了，整體的看臉部具有意象化的五官。太陽神面部的下面有兩條很寬的豎線，好似人類的雙腿。太陽神的臉部之外被先民刻繪了很多具有輻射狀的短線條。太陽神的額頭處有一條豎線並貫穿額頭上的圓形，在圓形下面有三條橫線線，左邊有兩條，右邊有一條，「其實應是新時期時期早中期通常使用的球索，用繩索繫住兩個石球，使用時狩獵人執一端在頭頂上盤旋，然後擲向那些野生鹿、羊。」〔註46〕通過擬人化的太陽神圖像去表現史前先民對自然世界中具有神聖光芒的物象所產生的一種崇拜心理。

〔註46〕宋耀良：《中國岩畫考察》，上海：上海人民出版社 2015 年版，第 88 頁。

圖 125：內蒙古烏海市桌子山召燒溝岩畫

來源：《中國美術分類全集》編委會：《中國岩畫全集》（北部岩畫），瀋陽：遼寧美術出版社 2006 年版。

　　總之，史前岩畫中的神靈崇拜意象是建構在原始宗教基礎之上的，先民們運用象徵性的藝術手法以獨特的主觀視角和簡略的線條將其展示出來，突出了巫術性，更彰顯了神靈的人格化特徵，他們認為這些岩畫圖像擁有著超自然的神力。每一個圖像的塑造均與原始先民的主觀意識，特別是宗教觀念和審美觀念有關。我們認為，這些神靈意象所呈現出來的觀念已經突破了原本的圖像形式，跨越了時間與空間，一面是生活神靈化，另一面則是神靈生活化。這些意象將原始先民的生活需要和審美情趣，生動地表現出來。「他們相信，那些用來繪製和雕刻岩畫的岩石表面，就是將現實世界與精神世界分割開來的幔帳或薄膜，印在岩面上的陰文手印和陽文手印可以直接連通這層薄膜。」〔註 47〕並為我們建構了一個充滿幻想、主觀化、生活化的意象世界。

三、圖騰崇拜意象

　　圖騰崇拜意象也是屬於巫術意象的一個種類。圖騰意象創造的整個過程都或多或少摻雜著宗教巫術的因素，可以說，圖騰崇拜是和巫術分不開的。它一般出現在岩畫畫面的重要位置處，具有明顯的被崇拜意味。如他們

〔註47〕〔加〕吉納維芙‧馮‧佩金格爾：《符號偵探：解密人類最古老的象徵符號》，朱寧雁譯，北京：北京聯合出版公司 2019 年版，第 224 頁。

　　在岩畫中表現圖騰時，多將其置於人物的頭頂，如廣西花山岩畫中間的巫覡形象的頭上加了一個崇拜動物，滄源岩畫的人物頭上也是。圖騰意象多是以現實物象為基礎，結合先民的崇拜觀念和精神需求創構的。在甘肅、青海等地，這裡的岩畫很多都是和牛、馬的圖像相關聯。在左江、珙縣等地，岩畫圖像多以狗作為重要形象呈現。在陰山、賀蘭山等地，由於這裡的居民依靠牛、鹿、野羊等動物作為自己氏族的經濟來源，這裡的岩畫多以這些動物為作為主要圖騰。先民借用這種意象去彰顯個人、集體和種族的信仰觀念和精神意識。從一定程度上說，史前先民給我們呈現的圖騰意象是以圖像為介質的審美表現，對於我們研究岩畫中的審美意識和圖騰文化具有重要的學術價值。

　　圖騰崇拜意象的種類一般分為動物、植物、人物以及宇宙星空等。這些物象在原始岩畫中反覆表現，如北方百岔河岩刻中的鹿，陰山的老虎以及在雲南滄源岩畫畫面中間的巫師頭戴一個動物等等。這些分類中的圖騰之像遠遠超脫了現實圖像的束縛，它們在很大程度上展示了先民對某個物象的高度尊仰與崇拜。每一個圖騰崇拜之「象」都是依託先民觀取現實物象時的超感性體悟，把內心世界中的人與物、人與人的組合形式去展現先民的內在生命精神，給我們呈現出意味濃厚、形象簡約、別有趣味的圖騰崇拜意象。

　　史前人類「相信與某種動物或植物之間（主要是人與動物之間），有時也相信人與無生的物體之間，或甚而人與自然現象之間，存在著一種特殊的關係。」〔註48〕進而，將某些物象作為本氏族或部落的神物，即成為本氏族或部落的圖騰。在中國史前時期，圖騰崇拜已經被演化成為動物崇拜、天體崇拜、太陽神崇拜、神像崇拜等。有些蘇聯學者則認為圖騰崇拜是一種存在於原始世界的宗教巫術形式。一方面，它描繪事物的本身，作為一種記事載體出現在岩石表面上。另一方面，這種圖像形成了原始社會約定俗成的圖像語言，這種圖像的「表層意義只與圖像的原初物象相關，而深層意義則象徵著圖像在特定文化中的所指和功能，表層意義面對著我們，而深層意義則屬於圖像當時的使用者。」〔註49〕這種深層次的意義是具有巫術和宗教崇拜的成分。通過將具體的物象和假定的某種物象相聯繫，使得岩畫中被刻製的意象只是人類想要表現觀念的「代替物」。因此，在原始社會，岩畫上出現很多

〔註48〕蓋山林：《中國岩畫學》，北京：書目文獻出版社1995年版，第133頁。
〔註49〕牛克誠：《生殖巫術與生殖崇拜——陰山岩畫解讀》，《文藝研究》1991年第03期。

類似於動物、植物、宇宙的形象，這都與這種圖騰崇拜有著密切的關係。在史前宗教巫術思維的影響下，圖騰崇拜已經成為史前岩畫巫術意象的重要呈現方式之一。

原始人類關於動物的圖騰崇拜意象有一部分體現在狩獵岩畫之中，這與當時當地先民的生活條件、生活方式密切相關。在原始社會，狩獵岩畫的出現既屬於生產生活的方面，又體現了原始人類對動物的崇拜。據《新校周書》記載突厥作為匈奴的別種，其祖先傳說是人與狼共生的〔註50〕，這個族也將「狼」視為動物圖騰進行崇拜。費爾巴哈說：「動物是人不可缺少的、必要的東西；人之所以為人要依靠動物；而人的生命和存在所以靠的東西，對他來說就是神。」〔註51〕這說明，在依靠採集捕獵為主要經濟來源的原始社會，人們主觀對岩石上的動物圖像賦予神格內涵和意義，動物自然而然地也就作為一種具有「神」性的圖騰而存在。蓋山林在《中國岩畫學》一書中曾經說過：原始先民「作畫的動因均出自動物崇拜，畫中的動物形象，都是獵牧人賴以生存的動物，正因為在生活上依賴才去崇拜它，甚至認為是與本氏族利益相關的神像或圖騰。」〔註52〕人類在那個時候生活處在一種野獸經常出沒的時代，對動物的增值繁衍和祈求勿傷於人的信念以及對肉類食物的渴望，都使先民將動物作為一種功利性的崇拜而刻繪於岩石之上。林慧祥教授在談到動物崇拜的時候提到：「人類在原始社會時代，因為動物對人類的生活有密切關係，而人類的智力還未發達，故老早便發生動物崇拜。兇惡的動物威脅人的生命，人類因畏懼對它表示屈服，有些動物對人的生活有幫助，故也受崇拜，有些動物對於人類食料的來源有關，則也受崇拜。」〔註53〕在那個時代，他們每一天都和動物、植物相依相伴，自身具有濃厚的生活氣息，這種交往也加深了主體對於客觀動植物的感悟程度，「先民在適應自然環境和生存方面明顯不如動物，於是，動物崇拜就成為早起宗教的普遍形式，尤其是在北方獵牧人聚居地區，」〔註54〕如大角鹿、野牛、野豬、馬、狗、駱駝等動物，

〔註50〕（唐）令狐德棻：《新校周書》（下）（卷五十・列傳第四十二・異域下・突厥），臺北：世界書局 1974 年版，第 907 頁。

〔註51〕〔德〕路德維希・費爾巴哈：《費爾巴哈哲學著作選集》（下卷），北京：商務印書館 1984 年版，第 438～439 頁。

〔註52〕蓋山林：《中國岩畫學》，北京：書目文獻出版社 1995 年版，第 94 頁。

〔註53〕林慧祥：《星辰、五行、動物崇拜與命數》，《活頁文史叢刊》第 64 期。

〔註54〕殷曉蕾：《中國原始岩畫中的生命精神》，合肥：安徽教育出版社 2014 年版，第 27 頁。

「他們把自身的意志、願望和要求，把自身的崇拜觀念借助於野生動物並以岩畫的形式表現出來，更是再自然不過的事情。」〔註55〕先民就從食物、安全、圖騰以及生活各個方面對動物進行全新審視，將這些內在需求轉換為一種視覺圖像。如在甘肅省肅北蒙古嘉峪關黑山四道鼓心溝岩畫《野牛》（圖126），畫面中繪製一頭野牛和一隻北山羊。在原始人眼中，「野牛體壯，力大無比，鋒利的牛角更是野牛最屬害的部位。人們尋求精神寄託，在超現實觀念的驅使下，……他們把牛角當成一種超自然神靈、圖騰來崇拜，以求保護自己能戰勝自然災害和敵人。」〔註56〕圖中的野牛站立不動，牛角上翹，尾巴被創作者誇張的很大，高高豎起。而山羊隻是牛的三分之一，畫面形象地展示了原始社會對於動物的崇拜。

圖126：甘肅省肅北蒙古嘉峪關黑山四道鼓心溝岩畫

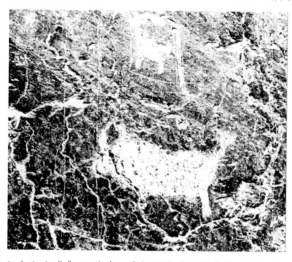

來源：《中國美術分類全集》編委會：《中國岩畫全集》（西部岩畫1），瀋陽：遼寧美術出版社2006年版。

動物崇拜中的「象」是以動物為原型，以心體物，融合主觀情意而創構的意象，不僅展示了動物的體貌特徵，而且蘊含了先民的觀念和審美情趣。在那個時候，原始先民們受到了「萬物有靈」的巫術思維影響，在主體對物象展開觀察時，融入到意象的創構過程之中，運用最簡略的筆劃結構對物象

〔註55〕殷曉蕾：《中國原始岩畫中的生命精神》，合肥：安徽教育出版社2014年版，第33頁。
〔註56〕《中國美術分類全集》編委會：《中國岩畫全集》（南部岩畫2），瀋陽：遼寧美術出版社2006年版，第5頁。

進行筆簡意厚的刻繪與呈現。先民通過所崇拜動物的「象」去呈現他們自己心中美好的願望和祝福。這是主體和客體物我交融的結果，沒有主體對現實動物能動地審美觀察或體悟，就不可能傳達出無限的審美意蘊。如一幅新疆阿勒泰地區富蘊縣徐永恰勒岩畫《鹿羊圖》（圖127），畫中的鹿和羊的意象都是創作者受到現實中鹿、羊的形象刺激，對其進行深刻體悟和感發的成果，體現了動物形象與主體自身的生命精神的雙向結合。「在幽寂神秘、蒼涼悲壯與生命熱血、崇拜野性與征服共同形成相互交織融契的氣氛。這不僅映襯、烘托、渲染和催化了岩畫圖像內容意義的巨大神聖力量，而且在積極對意象的聯想中、在無限的精神幻覺下，使人獲得與山嶽六感至高無上的崇高感。」〔註57〕鹿的身軀變成了幾何形，鹿的角被主體簡化成幾道短的橫線來代替，後面的羊角被創作者繪製成雲紋。這種「形象」已經被主體加入了某些情感活動，它們已經被史前先民人格化了，並且在塑造岩畫形象的時候被主體賦予大自然的生命精神，在一定程度上，它彰顯了「崇高、無限威嚴、至高無上的主宰和神秘力量的觀念。」〔註58〕此時，羊和鹿的意象已經是超脫了現實之像、達到物我融合之後的像外之像。

圖127：新疆阿勒泰地區富蘊縣徐永恰勒岩畫

來源：《中國美術分類全集》編委會：《中國岩畫全集》（西部岩畫2），瀋陽：遼寧美術出版社2006年版。

〔註57〕權東計、李海燕：《賀蘭口岩畫空間分布與歷史環境風貌研究》，《考古與文物》2006年第03期。

〔註58〕蓋山林：《中國岩畫學》，北京：書目文獻出版社1995年版，第138頁。

圖 128：新疆杜拉特岩畫

來源：《中國美術分類全集》編委會：《中國岩畫全集》（西部岩畫 2），
瀋陽：遼寧美術出版社 2006 年版。

「太陽」作為原始宗教活動中比較重要的圖騰崇拜對象，它是原始人類認識世界、感悟世界和表達自我的重要媒介。太陽圖騰崇拜是人類社會共有的信仰，更是先民重要的精神內容，它不僅出現在東方的國度，而且在世界的其他國度都曾出現過。他們想通過祭祀禮儀、視覺圖像等形式來表達自己對天神的崇高敬意，在他們那裡，太陽不但象徵著溫暖、光明，更重要的是它能夠「定空間、時間、四季諸方面引導人類走上了自身發展的廣闊道路。」〔註 59〕它使得人們相信，沒有太陽就無法生存下去，這就讓人們更進一步賦予太陽以更高的權威。〔註 60〕

中國史前岩畫中的太陽圖騰崇拜往往表現為兩種圖式。第一種是史前先民在岩石上刻繪了一個圓圈，這個圓圈就代表著太陽，在太陽的下面有人在跳太陽舞或者作頂禮膜拜。這種式樣在岩畫中出現較少。如內蒙古陰山的《拜日》岩畫（圖 129），畫面上描述了一個人雙手合十，虔誠地呈跪拜姿勢，在人物的上方有一個橢圓太陽造型，呈寫意化，好似先民不在乎這個造型，用手隨意勾勒一樣。他們雙手合十很虔誠地祭拜上面的太陽神，整個圖像很鮮明地呈現了早期先民祭拜太陽的禮儀和場景。後來，史前先民也將這種圓形

〔註 59〕李祥石：《解讀岩畫》，銀川：寧夏人民出版社 2012 年版，第 101 頁。
〔註 60〕高福進：《太陽崇拜與太陽神話》，上海：上海人民出版社 2002 年版，第 155 頁。

逐漸演變成橢圓形、心形、方形、骷髏形、三角形等其他造型，當然，這些幾何型制為中後期的太陽神人面像的出現打下了基礎。第二種是在這些幾何圖形中加入人面五官及各種喜怒哀樂的表情，並運用誇張、抽象和寫意的方法對其進行塑造，好似太陽也有眼睛、嘴巴和鼻子一樣，它是人格化了的日神圖像，具有人性和物性的雙重特徵。這一類的太陽圖騰崇拜既具有太陽的成分，又融合了人面的因素。這種式樣廣泛出現在賀蘭山、陰山等北方岩畫區域。如在桌子山召燒溝有一幅正面的太陽神人面像。在一個圓圈裏，作者將人面的五官以寫意化的手法刻繪在裏面。在圓圈外部有一些長短不齊的輻射線。這些形象化、自然化的崇拜是把原始人類自己內心的模糊視覺形象投射於自然之物上，將自然原型中的太陽和人面相結合，經過簡化之後，把人和太陽這種親緣元素相互置入對方，並形成一種寫意性的象徵圖像，並在岩石上將人與太陽的圖像進行疊合並意象化地刻繪出來，每一個被主觀化和人格化的太陽圖騰崇拜圖像都呈現了先民對太陽神的虔誠祭拜心理。第三種是在一個周圍是輻射線的圓圈中加入一個站立的人物形象來象徵太陽。如大興安嶺的十字紋符號和雲南滄源岩畫中的太陽神。在太陽的圓圈之外刻繪數量不等的輻射線，而這些長度不一的輻射線有可能與火神有關係。因此，這種視覺圖像很大一部分受制於原始巫術思維的影響，史前先民從認識層面和心理方面對現實太陽體悟之後，用點、線、面等造型元素去創構符合先民自己的太陽神圖像，並通過這類視覺圖像去表達他們的現實性訴求。總之，中國原始岩畫中的太陽神造型是日神、火神以及萬物有靈思維的多重因素疊合的結果，它是人類認識世界和感悟世界的一種自覺精神活動。先民從「觀」、「取」、「意」、「寫」的形象創構過程中將那些生生不息的生命精神主動灌注於不同的視覺造型之中，他們以誇張、變形、抽象、象徵等造型手法，將自己對於日神、火神的崇拜高度人格化和表情化，突出整體宗教審美的意象性和主體要表達的隱喻內涵。

圖 129：內蒙古陰山岩畫

來源：《中國美術分類全集》編委會：《中國岩畫全集》（北部岩畫），瀋陽：遼寧
美術出版社 2006 年版。

綜上所述，圖騰崇拜意象是在先民對現實物象觀照的基礎之上，並在宗
教巫術思想影響下，創構的一種表達其崇拜之情的視覺圖像。這種意象代表
著一個人或一個群體的信仰文化。在一定程度上講，這些圖像都從原有物象
中被剝離出來，它們不是對原始受崇拜物象的模擬或者簡單抽象，而是對所
崇拜物象的一種主觀的審美意象探求，是先民對物象的一種內在精神的書寫，
顯然具有一定的個性化或人本化。它反映了史前先民們對外界物象的敬畏和
恐懼，更彰顯了先民對生命的熱愛和希冀，從而形成了一種具有體悟性、情
感性、信仰性的並充滿審美情趣的視覺意象畫面。

四、生殖崇拜意象

生殖崇拜意象是原始岩畫中一個重要的內容。根據世界各地發現的各
種形式的生殖崇拜圖像分析，這些有關生殖崇拜的岩畫圖像大都表現為史
前先民對男女性器官的自然主義描繪。一方面，先民希望通過刻繪一些具有

象徵性的生殖圖像或生殖圖式來促進人口和動物繁衍。另一方面，史前人類想通過對男女生殖器的圖騰崇拜來踐行某種原始宗教儀式，表達對於繁衍後代的美好祈願。如在史前岩畫中，原始先民通過誇張男女的生理特徵去表現旺盛的繁殖力。

　　在史前社會裏，繁衍後代和增加社會勞動力始終是這個時期面臨的核心問題，這也是生殖崇拜在那個時代非常強烈的根本原因。為將這一核心問題清晰地表現在岩畫裏，先民們就在一些岩畫中刻畫出不同形狀的男女生殖器或擺出具有性暗示的姿勢。諸如男女交媾、動物交媾、男根女陰以及象徵生殖信仰的各種圖形符號等等。對於生殖崇拜，蓋山林認為原始人類不知道繁衍後代是由於男女交媾而導致的，他們往往將其歸結為繁衍後代是由於神秘的外部力量支配的，而男女生殖器就成為這種神秘外力的象徵。〔註61〕不管在中國還是在歐洲的某些地區，一些岩畫或者雕像都無一例外地誇大了女性的生殖器或者乳房，她們體態豐滿，豐乳肥臀，用誇張身體中的部位來暗示生殖意義。如奧地利威倫道夫的維納斯女神、烏克蘭科斯丹克的生殖「維納斯」、法國萊斯皮格的「維納斯」以及法國洛塞爾維納斯等等。正像黑格爾在《美學》第三卷中所說的那樣，東方的一些國度往往使用自然界普遍的生殖器形狀來表示雌雄或者生殖崇拜，〔註62〕先民希望通過這種直觀的、簡單的且粗俗的圖像形式來達到人類繁育後代和動物增殖的目的。

　　生殖崇拜在中國史前岩畫中比較常見，主要分布在內蒙古陰山幾公海勒斯太溝、賀蘭山、烏蘭察布、康家石門子、仙字潭、臺灣萬山、新疆木壘博斯坦牧場、新疆裕民巴爾達湖、西藏日土縣日松區、內蒙古達爾罕茂明安聯合旗、廣西左江、連雲港將軍崖以及青海巴哈毛力等區域，特別是史前陰山岩畫和呼圖壁生殖岩畫中，這一內容比較突出，具有一定的典型性。這些岩畫區域主要是少數民族居住的地方，地理面積比較廣闊，生物種類多樣，但人口相對較少，更加證明了岩畫中生殖崇拜圖像存在的意義。其生殖崇拜岩畫的外在表現形式一般呈現誇張的男女性器官、生殖符號以及性姿勢暗示等圖式。

　　原始先民的生殖崇拜主要採用以下幾種形式：第一，用抽象符號來表現先民對生殖的渴望與崇拜。這類表現主要以抽象或幾何符號，例如用圓圈、

〔註61〕蓋山林：《中國岩畫學》，北京：書目文獻出版社1995年版，第153頁。

〔註62〕〔德〕黑格爾：《美學》（第三卷·上冊），朱光潛譯，北京：商務印書館1979
　　　　年版，第40頁。

菱形、曲折線或者點狀形態來呈現生殖器，表達了先民對人類繁衍和動物增殖的希冀。這些具有抽象性的幾何符號內蘊了與岩石表面的「其他成員以及其他群體共享的社會信息，這些標記有助於建立一種文化認同感。這就意味著，這些幾何圖案已經成了一種文化的組成部分。這種文化既能識別符號，又能靈活使用符號。」〔註63〕如在青海盧山有一幅《蛇與小凹點》的岩畫，原始先民為了表現生殖崇拜，就在岩石上刻繪了一些大小比例不均的小坑穴，每一個小坑穴都象徵了高度簡化、抽象的女性性器官。在眾多小坑穴的中間有一條長長的波折線，類似於蛇。繪製者正是在試圖借助簡化、抽象的圖像恰如其分地表現富有深層意義的生殖崇拜內涵，畫面中的波折線和坑穴具有強烈的視覺藝術感和審美性。在元江的它克岩畫和內蒙古的達爾罕茂明安聯合旗夏勒口蹄印岩畫中，原始先民運用菱形符號與點符號相結合、蹄印中摻雜著小凹穴等形式形成了具有區域性的生殖崇拜圖像，更有原始先民通過桑樹、弓箭、龍形、鳥類、魚造型、幾何形、小凹穴等藝術符號去表現圖像的生殖意義，把這種現實圖像以誇張、變形的手法，以簡約的方式去表現生殖象徵。還有西藏日土縣日松的女陰岩畫，作者在一個人腹部的位置上刻繪了兩個疊加的圓圈，先民用這兩個圓圈來象徵著女陰。又如在內蒙古烏蘭察布的女性圖像，女性的軀體用簡約的線條勾勒出來，先民用藝術誇張的手法將女陰用兩個點突出表現出來，非常形象且簡潔，意味深長。這些簡化、抽象的原始形象都是生殖符號的代碼。

第二，史前先民常用誇張的手法表現男性生殖器。英國學者哈夫洛克·靄理士曾經說過，關於生殖的事情，原始人類就開始用各種生殖崇拜圖像去做這件事情了。他們用比較直觀的、誇張的、粗俗的以及簡略化的男女生殖器造型來象徵著這類崇拜活動。〔註64〕這一類先民特別誇張了男性生殖器的長與粗。往往作者把勃起的男性性器作為主要描述對象，賦予生殖器超自然的力量，並把它與野獸繁殖、農業豐收、獵取動物以及家畜繁衍緊密地聯繫在一起。如陰山一幅岩畫圖像，左邊是一個處於蹲姿的男性，比較健壯，緊挨著男性的是一個又高又大的弓，左邊狩獵者的性器官的長度被作者有意誇張了。

〔註63〕〔加〕吉納維芙·馮·佩金格爾：《符號偵探：解密人類最古老的象徵符號》，朱寧雁譯，北京：北京聯合出版公司 2019 年版，第 63 頁。

〔註64〕〔英〕哈夫洛克·靄理士：《性心理學》，李光榮譯，重慶：重慶出版社 2006 年版，第 67 頁。

這類例子還有很多，又如在陰山岩畫中（圖130），有一幅岩畫，畫中刻繪有兩個相對而舞的人物形象，兩個人物的一隻手相互連接，正在跳生育舞蹈或裸體舞蹈。兩個人物的性器官被作者誇張的很長並且上翹，分別朝向左上方和右上方，凸顯了先民旺盛的生殖力和濃烈的生殖欲望。在表達男根的時候，作者不僅誇張了男性的性器官，而且，這些人物形象大多數均伴有舞蹈動作，如雙手平伸、雙手上揚、兩腿叉開等，一點都沒有將隱私遮掩的意思，好似就是為了展示他們又粗又長的性器官。

圖130：內蒙古陰山岩畫

來源：李祥石：《世界岩畫欣賞》，銀川：寧夏人民出版社2017年版。

第三，先民也用誇張的女性乳房和臀部，來表達鮮明的生殖崇拜意義。「原始人祈求生育，誇大陶塑女像的生殖和哺育部位無疑是他們理想的選擇。……從而誇張女性某些生理特徵，以凝固和強化這種生育意識。」〔註65〕史前先民有的時候把女性的乳房和臀部誇張的很大，乳房和臀部的比例很有可能超過整個畫面的三分之一，還有的時候將女性的兩個乳房簡化成兩個點，位於兩個手臂的腋窩處，突出乳房。人物形象的姿勢多採用兩臂平伸或兩腿叉開的姿勢。如在寧夏中衛大麥地的人形岩畫（圖131），畫面上作者用線條勾勒出對象的輪廓，有意誇張了女性的乳房和臀部，腿部被作者勾勒的纖細，身軀和腿均形成了強烈的視覺對比。

〔註65〕張曉凌：《中國原始藝術精神》，重慶：重慶出版社1992年版，第162頁。

圖 131：寧夏中衛大麥地岩畫

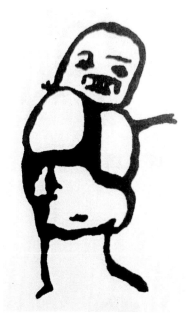

來源：李祥石：《世界岩畫欣賞》，銀川：寧夏人民出版社 2017 年版。

　　第四，先民刻繪男性與女性的交媾圖像，更加直接、生動地表現了原始社會的生殖崇拜。男女交媾圖像分布在大麥地、巴爾達庫爾山、呼圖壁以及賀蘭山等區域。他們均呈現兩個人物，一前一後、一上一下、一男一女，也都採用平面剪影的塑形方法，人物均呈現出簡約、抽象、寫意的審美特徵。這類生殖崇拜圖像有兩種造型，一種是女前男後。這類圖式一般男性身高較高，兩性的臀部位置有一個長而粗的線條將兩個人物相連。如在陰山岩畫中，有一幅前後交媾的男女形象，雙方均作舞蹈狀，兩人雙腿前彎，在兩人的臀部有一根短線將兩人觸連一起。這種交媾方式可能受到動物的交配方式的影響。另外一種是面對面的交媾方式。這類圖式一般兩個人物面對面，手和腳都有動作，兩人的性器官位置有一條線相互連接。如新疆康家石門子岩畫最上層的中間部分。有兩個較大的男女形象，一個站立，一個則兩腿曲起朝上，身體仰姿。前面男性的臀部部位有一長長勃起的生殖器，左右臂平伸且小臂向下彎曲。女性則雙臂作擁抱狀。男性的生殖器直指後面仰姿的女性陰戶。可見，史前先民的交媾活動處於一種世俗化和盲目性的階段。又如內蒙古磴口縣沙金陶海蘇木默勒赫圖溝的面對面的男女交媾圖像，整個圖像是一個相互交叉的造型形態，雙方兩臂平伸，一個在上，一個在下，這是古人使用了正面性的作圖方法才使得這種

面對面的交媾方式成為我們現在看到的樣子。畫面中男女雙方的腿均叉開，在男女叉開的大腿之間有一條長長的線將兩者連在一起，畫面充分反映了史前先民熱烈奔放的生殖崇拜思想。這種交媾方式「更能引起交媾雙方的性高潮，尤其適於女方的需要。」〔註66〕類似的面對面交媾的方式在陰山岩畫、大麥地岩畫、廣西花山岩畫以及蒙古布爾根岩畫中也出現過。這種面對面的交媾方式很大程度呈現了一個主動和一個被動的視覺效果，在畫面上一般呈現主動地一方圖像略大，被動的一方略小，雙方之間的媾和是通過男性的性器官給我們呈現出來的。由此可見，這類圖像具有高度的寫實性。

　　男女交媾圖像有的單獨存在，也有的是集群式的出現。這種單獨存在的交媾圖像有的只在岩石上刻繪男女交媾活動，有的置於一些動物或者舞者中間，成為它們的一部分。如在新疆阿勒泰塔特克什闊臙斯的生殖岩畫（圖132），男女的臀部之間用一條簡約的線連接起來。在交媾的周圍是動物和人物形象。又如一幅陰山的集群式交媾圖像，畫中有兩對正在交媾的男女，均表現為面對面的方式，兩對男女均呈現一個大一個小，雙手均作平伸狀，雙方人物形象均採用正面性的形體表現。在其周圍有一隻躍動的馬，象徵著旺盛的精力和生命力。

圖 132：新疆阿勒泰塔特克什闊臙斯岩畫

來源：《中國美術分類全集》編委會：《中國岩畫全集》（西部岩畫 2），
　　　瀋陽：遼寧美術出版社 2006 年版。

〔註66〕蓋山林：《蓋山林文集》，哈爾濱：黑龍江教育出版社 1995 年版，第 50 頁。

因此，中國史前岩畫中生殖崇拜意象表現的形式多種多樣，每一幅生殖崇拜岩畫都孕育著先民對新生命的渴望和期待。先民運用高度概括和簡約化的線條，將所要表達的圖像快速地呈現出來。每一個圖像都被先民簡約地描繪出來，靈動而拙樸，通過不同的姿勢以及性器官直觀地呈現出生殖的意義。他們將生殖崇拜觀念濃縮到一個小小的圖形之中，給我們呈現一個虛實相生、動靜相宜、形神兼備的意象畫面，也反映了史前先民對繁殖與增殖的欲望。

生殖崇拜是原始先民基於自身的社會背景和自身的生存需求而進行的一種原始巫術活動。特別是在母系氏族的晚期〔註67〕，隨著生產力以及私有制的不斷發展，父系氏族社會正在崛起，並表現為崇尚男性、關愛男性、崇拜男根等。先民把繁育子孫和農耕種植兩件事象緊密地聯繫起來，他們認為孩子是男人的種子，對男性生殖崇拜就相當於對「根」與「祖」的崇拜。他們以物類物，用誇張式的塑形方法對男性生殖器進行藝術再造，將男性生殖器的基本構造抽象化地表現出來。以致於通過對男性生殖崇拜將男性的社會地位提高到一個新的高度。在我國的陰山地區、新疆呼圖壁縣康家石門子岩畫、青海岩畫以及麻栗坡大王岩畫等岩畫點，先民往往將柱式、男根、蛇、箭等符號以及運用特定的表現程序來作為男根的主要象徵物，他們在岩畫中「有意」直接呈現或誇張男性陽具的長度和寬度，憑藉這些符號來傳達交媾、生育、繁殖等方面的巫術宗教觀念。這類意象反映了原始先民對於性的本能需求。他們通過圖像將男性的生殖「力」與繁殖「力」傳遞出去，把原始先民對生命的觀照和審視賦予這個符號之上，表現出先民對生命精神和審美意識的高度體認。

這些粗獷、原始、古拙的史前圖像給我們呈現了原始先民對祈求子孫繁衍的強烈願望，圖像中的男女性生殖器在原始人看來是一種具有神秘色彩的符號，並用一種相似的形象展現出來。如內蒙古陰山岩畫《持弓的男人》（圖133），畫中的這名男子呈現半蹲式姿勢，性器官被原始先民高度的誇張與拉長。左手扶著一個弓，這個弓比人還高，人物的寬度上下一致，整個造型呈現平面剪影。整個人物的蹲姿以略形取神的方法表現出來，線性特徵較為

〔註67〕對於父系氏族社會存在著對男性生殖的崇拜，大多數的學者並無異議，大家都認同一個觀點：對男性的性器官的崇拜是發生在母系氏族社會的晚期。趙國華：《生殖崇拜文化論》，北京：中國社會科學出版社1990年版，第255頁。

明顯。「弓」在岩畫中象徵著為性活動產生「動力」,「箭」象徵著男性生殖器。
岩畫中表現生殖意義多有通過「持弓的男人」形象展現出來。

圖 133：內蒙古陰山岩畫

來源：斑瀾、馮軍勝：《陰山岩畫文化藝術論》,呼和浩特：遠方出版社 2000 年版。

　　生殖崇拜圖像蘊含著一定的審美價值,首先表現為一種實用的功利美。
他們認為,在岩畫中圖繪生殖現象或歌頌生殖神,生殖神就能賜予他們繁衍
後代的神秘力量,讓他們族群和動物能夠繁衍和增殖。正如黃惠昆在《論原
始藝術的功利美》的一篇文章中說的那樣：「原始民族並沒有等到階級產生
就開始了他們的藝術活動,因而,原始美學不具有現代人追求的階級美而在
實質上是一種實用的功利美。」〔註68〕顯然,原始先民在刻繪和展示舞蹈、
狩獵以及交媾的視覺圖像時,所刻繪出來的男根女陰、交媾等圖像都具有崇
高的實用功利美,之所以表現這類圖像,與他們「相信人顯露性器和性交均
可以影響到人、野獸和家畜的增殖。」〔註69〕的觀念有關。如雲南元江它克

〔註68〕黃惠昆：《論原始藝術的功利美》,《思想戰線》1980 年第 02 期。
〔註69〕蓋山林：《絲綢之路草原民族文化》,烏魯木齊：新疆人民出版社 1996 年版,
　　　　第 166 頁。

岩畫中的生育舞蹈岩畫（圖134），畫面上有兩個人物被作者誇張成經過套疊的幾何菱形，共三層，這種菱形造型被史前先民稱為甲蟲，它象徵著女陰，在原始社會裏被史前先民象徵著繁殖神。人物的整個軀體非常寬大且臃腫，而人物的四肢卻十分細小。在一個套疊的菱形人物的兩腿之間有一個圓點，顯然這是女陰的象徵。這個人物的手臂高舉著一個類似人形的圖像，象徵著兩性交媾之後的結晶。史前先民正是憑藉著這類視覺圖像塑造出區別於其他神靈的主觀之像，他們通過視覺化的圖像去表現旺盛的生命力。

圖134：雲南省元江哈尼族彝族自治縣它克岩畫

來源：《中國美術分類全集》編委會：《中國岩畫全集》（南部岩畫2），
瀋陽：遼寧美術出版社2006年版。

其次，這種審美價值還表現為一種對人體美的發現。史前先民誇張男女兩性的性器官，以此表達對繁衍後代的渴望，更彰顯了先民創造新的生命體的欲望。他們將兩性的性器官刻意誇大地展示出來，這就充分說明先民認為人體是美的。他們認為人體的性器官如果發生「碰撞」就會給整個氏族帶了人口的繁榮和經濟的發展，這就將兩性的性器官提升到一種繁榮部族人口和傳宗接代的高度。在他們的內心，兩性的性器官孕育著人對美好東西的一種精神寄託。

再次，先民通過運用簡約和抽象的表現方法將生殖圖像刻繪成極其簡潔

化的造型符號，給我們呈現出一種簡約美。他們將性器官或者交媾活動，用簡約的線條刻繪成幾何元素的組合，每一個簡約的幾何符號都凝聚著先民對現實物象的抽象和表達，體現了先民高度的概括能力和表達能力。先民正是通過這些視覺圖像給我們呈現了一個高度筆簡意厚的審美世界，讓原始先民憑藉著這些高度簡約的形象將宗教巫術和審美情感更好地抒發出來，再現原始社會的審美情趣和審美觀念。這些高度寫意的線條也傳遞著先民對生命精神的高度讚頌和呼喚。

（一）男性生殖崇拜意象

在中國史前岩畫中，很多的岩畫都是以直觀的、簡潔化的圖像形式將男性的生殖器外露，並對其進行誇張和抽象，充分展現了古代先民強烈的生命意識和渴望繁殖生命的熱情。在陰山有一幅比較著名的岩畫，一個人站立，在其身體下部有一個又長又粗並且上翹的男性性器官，其圖像占整個畫面的四分之一，其直率的造型充分體現了原始先民稚拙、率性的審美特徵。在這裡，古代先民對於性器官的崇拜是比較自然的，他們認為男性的生殖器完全獨立而且具有神性，並通過這種顯露的方式來展現先民對生命情調的體認。他們以男性的生殖器作為史前人類歌頌生命精神的重要象徵物，展現著先民對自我生命意識的審視和超越。

男性生殖器在古代腓尼基人的詞彙中被稱為「Asher」，翻譯為「垂直者、有力者、擴開者。」〔註70〕而這個「Asher」被認為是以色列一個部落的祖先，他們所認為的這個祖先實際上指的是對於男性男根的崇拜。也就是說，以上「Asher」的三個意思都指向了男性對女性的某種性行為：男性的性器官通過女性的性器官進入到子宮，使得女性懷孕。國外的一些氏族部落還將性器官創造為一個基座的形象，基座左右兩邊有兩塊方形的石頭，而這方形的石頭可能象徵著睪丸，「右睪丸叫做『Anu』或『On』，被認為是優越的，能產生男性後代；左睪丸叫做『Hoa』，被認為能產生女性後代。」〔註71〕在父系社會裡，男性的生殖器被當做家庭的創造者，它能產生偉大的神性力量，也認為是造物主本人的象徵，它滲透了某種超越現實的原始巫術觀念。

〔註70〕〔美〕O・A・魏勒：《性崇拜》，史頻譯，北京：中國文聯出版公司1988年版，第208頁。

〔註71〕〔美〕O・A・魏勒：《性崇拜》，史頻譯，北京：中國文聯出版公司1988年版，第212頁。

　　新疆康家石門子岩畫中有一個特殊的生殖崇拜圖像——男子胸腹內刻繪有惟妙惟肖的嬰兒頭像，這與當時社會理念相關。在原始社會之中，特別是在父系氏族部落裏，整個部族均以男子為中心，女性「就像敬畏一種家神一樣。甚至在一些發達民族裏，男人也有絕對的統治權，甚至對他的女人、孩子和奴隸有生殺予奪的權利。」〔註72〕因而男性被認為是生殖繁衍的關鍵和核心。這種對男性的極度尊崇帶有鮮明的時代特徵。

　　在我國的陰山以及巴爾達庫爾山等岩畫區，一些岩畫中的狩獵男子的雙腿中間均有一個「生殖器挺立、碩大，這種毫無遮蔽的誇張式的表現成為岩畫對生殖器描寫的一種定性化方式。」〔註73〕在中寧縣黃羊灣第四個岩畫點上，有一幅兩人相對，右邊高大的男子胯下有一細長的生殖器並與左邊的比較矮小的女子生殖器相連，顯然男子的生殖器被高度誇張了。它超越了現實生活中生殖器的本真性，意象化地展現出生殖崇拜的意味。新疆呼圖壁有一幅舞者顯露生殖器的舞蹈畫面。在畫中，舞蹈者往往將舞姿設定為兩手平伸，兩腿呈現矩形，在腿中間直接顯露出生殖器，有的生殖器很粗，有的很長，還有的則將生殖器與女性的生殖器相連。在同一個岩畫點，畫面上刻繪有兩隻貓形動物，或是老虎或者豹子之類的猛獸。在兩頭猛獸上面有兩性交媾圖像。畫面共四個人物，兩男兩女，畫面中的兩個男性生殖器直接外露並勃起如棍，生殖器均朝向左邊的女性，一個是朝向雙腿張開的女性，另外一個是朝向一個站立女性的臀部。以上事例均表明，這些岩畫中的男性均運用誇張的藝術手法直接刻繪男根，以一種比較直觀或者粗俗的式樣來表現男性巨大的繁衍後代的神秘力量。誇張後的性器官完全處於挺立狀態，男根所指向的方向均是左上方或右上方，造型僵直，富有張力，整個畫面直接滲透著濃烈的生殖渴望。魯道夫·阿恩海姆（Rudolf Arnheim）指出：「同整個遠古時代的原始人一樣，今天的原始部落也習慣於到處運用男性生殖器作為某種象徵，但是他們從來沒有把作為禮儀象徵的男性生殖器與普通的陰莖混為一談。在他們的眼裏，這種具有象徵意義的男性生殖器，代表著一種富有創造性的力量，它不僅能使人類生長繁殖，而且能夠使人恢復健康。」〔註74〕先民有意

〔註72〕〔美〕O·A·魏勒：《性崇拜》，史頻譯，北京：中國文聯出版公司1988年版，第207頁。

〔註73〕張曉凌：《中國原始藝術精神》，重慶：重慶出版社1992年版，第174頁。

〔註74〕〔美〕魯道夫·阿恩海姆：《藝術與視知覺》，滕守堯、朱疆源譯，成都：四川人民出版社1998年版，第628頁。

顯露男根的行為是一種具有祭祀生殖神、表達先民內心渴望、繁衍後代的心理需要，他們希望通過這樣的符號來歌頌生殖神，渴望新生命的到來。

男性生殖器的意象承載了原始先民對生殖力的推崇和渴望。在史前社會中，人類不清楚自己的降生是由於男女性生殖器相互發生關係而導致的，他們認為人類的出現是由於外力，而這種「外力」就是男性的生殖器，於是他們藉男性生殖器的形象去表現氏族部落的人口繁衍力和動物的繁殖力。他們往往將男性的陽具極度的誇張很長、很粗，整體上處於挺立狀態，有的將男性性器官與女性臀部相互連接，還有的岩畫裏則直接呈現交媾圖像。在新疆呼圖壁縣的生殖崇拜岩畫，畫面上鮮明地反映了原始人類為表現內心中的生殖欲望，這些生殖器被先民極大地誇大了，寬肩的男性像和窄肩的女性像相互將自己的生殖器展現出來，呼喚對於生命的渴望和熱愛。有的男性還用手拿著陽具，再現了先民通過娛生殖神的辦法征服大自然和傳遞生殖力量。又如在新疆裕民縣巴爾達庫爾的生殖崇拜岩畫，畫面上刻繪了兩個人物形象，一前一後，兩人均呈現站立步行姿勢，最顯著的地方就是兩人的生殖器被作者有意誇大了，生殖器較粗，後面的人兩臂平伸，好似在吶喊：男性生殖器不但是人類繁衍後代的重要媒介，而且男性通過陽具把生殖力量源源不斷地釋放出來。

原始岩畫中的男性生殖符號具有強烈的巫術性。在新疆裕民縣巴爾達庫爾山的生殖崇拜岩畫上，畫面的下部和中部男性均將其生殖器暴露在外，並與對面的體形較小的女性生殖器相連。這其實表現了一種巫術思想。趙國華說：「先民對男女交媾生殖的崇拜，常常以巫術的形式表現」〔註75〕。戶曉輝也認為人和動物的生產在原始時代均受到宗教巫術力量的深刻影響和支配。在西藏的日土縣任姆棟的岩畫群中，有一幅關於早期祭祀活動的岩刻，畫面中有左下方有九排斜放的羊，作為先民祭祀太陽神和月亮神的祭品。在其上方有兩個騎鹿的巫覡來回穿梭於人與動物之間，在其右邊有十個陶罐，陶罐上方比較明顯的位置刻有男性生殖器的圖像，「這種以大量殺牲為特徵的『血祭』，是早期原始本教的祭祀活動所為。畫面氣氛莊嚴、熱烈，把祭祀太陽神和生殖神的宏大場面表現得淋漓盡致。」〔註76〕在寧夏中衛縣大表地榆樹溝

〔註75〕趙國華：《生殖崇拜文化論》，北京：中國社會科學出版社1990年版，第394頁。

〔註76〕陳兆復：《古代岩畫》，北京：文物出版社2002年版，第165頁。

勃起的男根狩獵岩畫中，作者突出了兩獵人的生殖器，並且獵人的箭射向了前面的北山羊，箭與北山羊的生殖器連接在一起，先民希望通過這個圖像讓動物快速繁殖，以滿足氏族部落的肉類食物需求。這些岩畫作品本身就具有原始社會的「巫術世界觀」的性質。無論如何，先民們認為生殖神掌握著人類的繁衍和動物的繁殖，並以男性的性器官象徵生殖神。他們基於一種相似、互滲的巫術思維，認為男根符號「可以保障魔法原則『類似現象引出類似結果』的效力，」〔註77〕，從而控制大自然的一切繁殖行為。因此，男性生殖崇拜依據的是男性生殖器所具有的特殊「生殖」力量。這種對男性生殖崇拜已經不再把男性陽具看成一種現實化的生理器官，而是把它看成是「生殖神」在人類社會的象徵物，它具有佔有、支配繁衍後代的神奇力量。

1. 男性生殖崇拜意象——柱形符號

在表現男性生殖崇拜的原始岩畫中，先民常常使用錐狀物、柱形或者棍棒式樣的符號來象徵著男性性器官。他們通過這類符號將先民基於「種族繁衍的崇敬感」〔註78〕和「生殖器的神秘感」〔註79〕以藝術物態化的形式呈現出來。每一個柱形符號都在訴說著原始先民內心對生子繁衍的期盼，每一個符號都寄託了先民對生命的渴求和眷顧，從而形成了具有少數民族地方特色的祈求生殖繁盛的象徵式樣，為我們探究古代男性生殖崇拜的發展和內涵提供了重要參考。

以柱狀物來表現男性生殖器的現象在世界範圍內普遍存在。在曼德拉山岩畫群中有一幅塔柱式建築的岩畫（圖135），畫面上刻繪了塔式的建築（上尖下粗，呈錐狀），從下到上共有五層。我們覺得這個塔柱式建築不僅記錄了當時的建築類型，而且象徵著史前先民對繁衍後代的渴望之情。塔的主體結構類似於男性的生殖器形狀（結構），而塔基兩邊的方形又似乎很像男性陽具的睪丸。古代先民非常崇奉男性生殖器，先民一般使用柱形、山峰以及具有尖狀物或棍狀物的物象作為男性生殖器的象徵。在通常的情況下，柱子以木質或者石質為主材，柱子上會精細地雕刻挺立的男性生殖器或者整條盤蛇的

〔註77〕內蒙古自治區文物工作隊編印：《文物考古參考資料》，1980年第二期，第55頁。

〔註78〕王小盾：《原始信仰和中國古神》，上海：上海古籍出版社1989年版，第115頁。

〔註79〕王小盾：《原始信仰和中國古神》，上海：上海古籍出版社1989年版，第115頁。

裝飾紋飾，這正是男性生殖觀念與祖靈的實體化象徵。在中國西藏的東嘎遺址中，建築群中發現了一個石柱製作的男根，該石柱大約高兩米，石柱的基座是由岩石圍合而成。〔註80〕在四川和西藏交界處有一個村子叫木里卡瓦村，在其村子南邊的石洞口有一個酷似男性生殖器的鍾乳石柱，當地人將其稱為「久魯木」，〔註81〕意思是能產生相當甘甜之水的聖物，「甘甜之水」隱喻著男性生殖器內的精液。在四川納西族人、雲南西雙版納州曼賀山的傣族人以及四川木里縣的摩梭人，他們都在居住的區域內用柱狀物體來祈福女性生育。〔註82〕在南方的巴濮荊越等民族對「牂柯」這種物象進行生殖崇拜，王昆吾先生認為「牂」是男性性器官的替代物，而「柯」就是一種柱狀物，「『牂柯』即對一切人工製作的或天然形似的男性生殖器模樣的物體的稱呼。」〔註83〕

圖135：內蒙古阿拉善右旗曼德拉山岩畫

來源：范榮南、范永龍：《大漠遺珍：巴丹吉林岩畫精粹》，
北京：文物出版社 2014 年版。

〔註80〕張亞莎：《西藏的岩畫》〔M〕，西寧：青海人民出版社 2006 年版，第 253 頁。
〔註81〕劉達臨：《雲雨陰陽：中國性文化象徵》，成都：四川人民出版社 2005 年版，第 40 頁。
〔註82〕王昆吾：《中國早期藝術與宗教》，上海：東方出版中心 1998 年版，第 121 頁。
〔註83〕王昆吾：《中國早期藝術與宗教》，上海：東方出版中心 1998 年版，第 121～122 頁。

在西方，希臘的建築外觀有赫爾墨斯頭柱式結構，就是將男性的雄偉、勇敢以及至高無上的權威以挺立生殖器的形狀表現在柱子上，象徵著雅典人民擁有偉大的力量。在以色列，有著名的「巴力亞大柱」〔註84〕，這裡的「柱」就以男根造型與雕刻紋飾。特別是在印度，「用崇拜生殖器的形式去崇拜生殖力的風氣產生了一些具有這種形狀和意義的建築物，一些象塔一樣的上細下粗的石坊。」〔註85〕而這個「坊」類似於我們中國的「社」，在「社」前的石柱上刻繪一個陰莖或陰門，又「社」「稷」並稱。這也切合了「柱」是烈山氏的兒子的傳說，「有烈山氏之子曰柱為稷，自夏以上祀之。」〔註86〕

縱觀以上少數民族的生殖崇拜案例，石柱的形狀和結構完全符合先民關於男性生殖器的認識。正是基於此，先民對柱體由感而發，憑藉著聯想和想像，建構出一個適合於表現生殖崇拜的柱式結構。如上面提到的內蒙古曼德拉山岩畫點上的塔式建築，畫面上刻繪有兩個形象，下邊是一個人騎著馬，在其上面是一個尖塔式建築，塔呈現上細下粗姿態，而塔的下面好像是風吹草動之後所形成的斜線，上面的塔象徵著男性生殖器挺立的狀態，而下面的草象徵著生殖器周圍的附著物。整個建築造型與男性生殖器在形狀上具有很多相似之處，特別是將男性生殖器挺立狀態生動地用柱式建築呈現出來，體現了原始人豐富的想像力。

2. 男性生殖崇拜意象——箭形符號

從各地的岩畫中可知，在史前社會中，箭形符號隱喻著男性生殖崇拜。在史前岩畫中大量存在著以弓箭作為母題的狩獵岩畫，表面上這些狩獵岩畫刻繪的是捕獵或射殺行為。但是，這些狩獵岩畫的作者不僅僅只表現了狩獵的內容，他們利用岩畫中的弓箭圖像來呈現具有生殖崇拜的象徵內涵，企圖達到運用巫術行為去幫助動物增殖的功利性目的。在寧夏中衛、巴丹吉林、新疆裕民縣以及陰山、賀蘭山等地的岩畫中，大量存在著男性騎馬或步行打獵的過程中，男性的生殖器外露，同時，有的將箭射向動物的臀部位置或者射向女性生殖器的位置。他們將原來的箭由狩獵工具逐漸延伸為一種性器象徵物，展現出箭在現實生活中具有重要的社會價值和審美價值。

〔註84〕〔英〕卡納：《人類的性崇拜》，方智弘譯，海口：海南人民出版社1988年版，第41頁。

〔註85〕〔德〕黑格爾：《美學》（第三卷·上冊），朱光潛譯，北京：商務印書館1979年版，第40頁。

〔註86〕楊伯峻：《春秋左傳注》，北京：中華書局1981年版，第1503頁。

　　箭形符號的生殖象徵意義也在世界各地均有出現。在西藏，人們為了實現生殖的願望，就向屋頂的小洞中射箭，屋頂的洞我們可以推測象徵著女性的陰戶，而射箭就是象徵著男性生殖器進入女性的陰戶。而且在文明社會的典籍中也有相關記載。在《禮記》中云：「子生，男子設弧於門左，女子設帨於門右。三日，始負子男射女否；……射人以桑弧蓬矢六。」〔註87〕在這裡，「箭」與「帨」〔註88〕分別象徵男女的性器官，也隱喻了夫妻之間的房事。國外一些學者也基於「箭」的造型與生殖器的相似性作了解釋，如美國的學者魏勒認為，男子的陽具象徵著箭，而箭末端的兩個羽翼則象徵著睪丸。在拉丁的基督教十字架中，時常會用一個木棍來暗示男性的陽具。在印度的犍陀羅藝術之中，愛神伽摩提婆用蓮花苞做成的箭象徵男性的陽具，而蓮花苞則是男性的睪丸。總之，基於外內和國外的案例分析，我們得知，「箭」作為男性生殖的象徵具有悠久的歷史，各地先民們通過這個簡潔的藝術圖像來表達對繁衍子孫後代的情感訴求和強烈渴望。

　　「箭」象徵著男性的生殖器，生殖器與箭形符號可能存在著某個局部形狀或結構相似的地方，從而使得「箭」被賦予了一種抽象的象徵內涵。朱狄在《原始文化研究──對審美發生問題的思考》一書中引用勒魯伊-古朗的話，指出原始先民經常使用一些羽毛狀、長矛狀以及倒鉤狀的符號來象徵著男性的生殖器。羽毛狀的符號是陽性符號，點狀物象是陰性符號。在過去的年代裏，西南少數民族地區還有「喜轎箭篩」的民間婚俗，在嬌子的後面綁上一個篩子，在篩子上面插上三支箭。篩子在當地的婚俗中象徵著女性的性器官，而箭則象徵著男性陽具。早期的原始人類認為兩種物象之間如果部分地存在著某種造型或結構上的相似性，我們就可以將這兩個物象認為是同類事物，可以相互替換而功效不變。他們認為，那些「線性和帶刺的符號被歸入陽性這一類，因為它們的形狀與陰莖有相似性。」〔註89〕他們憑藉著箭形與男根造型之間有著相似性的聯繫，就將箭與男性的生殖器作為同類物象進行替換。射箭與男根的象徵意義在空間中並列展開，並將箭幻化為男性生殖器的同類

〔註87〕（元）陳澔注，金曉東校點：《禮記》，上海：上海古籍出版社 2016 年版，第328 頁

〔註88〕這裡指的是古代女性佩戴者一種對象，類似於象徵著女性的貞操，這種佩飾基本上不同的家族有著不同的製作手法，形狀大概為三角形。

〔註89〕〔加〕吉納維芙‧馮‧佩金格爾：《符號偵探：解密人類最古老的象徵符號》，北京：北京聯合出版公司 2019 年版，第 198 頁。

且具有圖騰化的神性象徵事物。

從一定的層面上講，弓箭作為原始先民生殖崇拜的象徵符號，它拓展了原始先民對生殖崇拜的內涵和意義。如內蒙古幾公海勒斯太溝有一幅持大弓的獵人岩畫，畫面左邊刻繪了一個呈現蹲姿且手持弓的獵人形象，在其下部有一個被誇大的男性陽具，弓被誇大得比人還要高。從圖中來看，獵人所持的弓是沒有箭的。我們常說弓箭不分家，為什麼缺了一支箭呢？箭就是男性生殖器。作者將男性的生殖器誇張的很長，很像一支箭在弦上的「箭」。拉弓射箭象徵著男女交媾活動的發生，在這裡，男性的生殖器比作是箭，在這裡，這一取意模仿了箭的速度以及獵殺對象的威力，用來比喻男性生殖器擁有無窮的生殖力量和威力。

我們也可以認為弓與箭在岩畫上的結合象徵著男女的交媾活動。先民把箭作為一種主動展示生殖力的一種圖像，憑藉這種圖像去表現女性與男性之間的生殖關係。生殖力通過弓箭的形象予以傳遞，「箭」象徵著男性的生殖器，而「弓」則象徵女性，男性在後，女性在前，形成了比較原始的並受到動物交配深切影響的男女交媾方式。如在新疆托里縣喀拉曲克的一幅岩畫中，畫面左右各有兩個物象，左邊的人站立，弓箭居於胸前，人物的兩腿之間有一較粗的生殖器。男性雙手持弓欲射向動物，畫面上充滿某種生殖圖騰的原始巫術意味。在新疆裕民巴爾達庫山的岩畫群中，有一幅男性將箭射向前面動物臀部的畫面。畫面上一個站立的男性生殖器外露，並雙手持弓，箭射向了前面的一隻動物的臀部。將箭射向動物進行捕獵與射向女性進行繁衍後代，兩者的概念是一樣的，它們均是反映先民想通過弓與箭的符號去表達先民繁衍後代和動物增殖的功利目的。類似於這樣的作品還有陰山、新疆木壘博斯坦牧場岩畫以及米泉縣柏楊河獨子山的個別岩畫等。

「箭」成為史前先民的圖騰，更多的是對於男性生殖器能繁育後代功能的重視。將「箭」作為圖騰來崇拜是世界先民共同的精神內容。岑家梧在《圖騰藝術史》中說：「當時的埃及人的圖騰對象，……箭、銛、斧、鐮、山嶽及太陽等圖騰，極為常見。」〔註90〕他們將箭的形象採用雕繪模仿的形式刻繪於岩石之上，把它演變成一種固定的生殖崇拜圖像，以此來「增加圖騰祖先援助的魔力。」〔註91〕「箭」本身速度快，命中率高，原始先民借用箭的屬性

〔註90〕岑家梧：《圖騰藝術史》，上海：學林出版社1986年版，第5頁。
〔註91〕岑家梧：《圖騰藝術史》，上海：學林出版社1986年版，第56頁。

來提高人口繁衍的速度和質量。而且先民把生殖力量賦予箭之上，通過箭的圖像能最快的速度傳遞「生殖力」。

總之，「箭」是原始先民象徵著男性生殖器的藝術符號。通過「箭」的象徵符號分析，我們可知：「箭」在原始社會中不但是具有射獵的功能，而且它具有男性生殖器的象徵內涵。「箭」是早期人類為了實現族群生殖繁衍的需要而創構的一種意象，它是在比較現實的箭與男性生殖器相似之處的基礎上，通過想像力融意於物，並利用構圖等技術性的物態化手段將箭的意象呈現在岩畫中，體現了一種在「不似之似」和「略形取神」之間高度概括和提煉的意象創構方式，原始先民已經將「箭」這種符號視為保證子孫綿延不絕的重要象徵物，使其成為先民傳遞繁衍人類和增殖動物觀念的重要圖騰意象，並賦予先民在與自然作鬥爭的過程中更具有非凡的生殖力和繁殖力。

3. 男性生殖崇拜意象——蛇形符號

史前先民除了借用柱式建築、箭兩種物象去象徵著男性生殖器之外，先民還利用蛇形巧妙地象徵著男性的生殖器。史前岩畫中的蛇形符號大量存在於巴丹吉林、新疆庫魯克、青海巴哈毛力以及內蒙古陰山地區。這些岩畫點的蛇形岩畫有的是對現實物象的真實記錄，有的則顯示了具有生殖崇拜的象徵意象。憑藉著這種富有神秘色彩的、簡約化的抽象符號，可以將蛇的生殖象徵性迅速傳遞給受眾，從而將蛇形符號所顯示的男性生殖力和繁殖力的內容準確地傳遞給氏族女性，從而實現原始先民在生殖方面的某種功利性訴求的傳達。

早在原始社會，先民就以蛇作為圖騰進行宗教巫術崇拜，並用擬人化的手法來象徵著生殖神。在桌子山苦菜溝的岩畫群中，有一幅人體和動物的岩畫。畫面中有四個物象構成，最右邊的是一個人體的形態，其左邊是一個人面和蛇身相結合的形象，蛇頭在最上面張口，整個蛇形呈現垂直形態。在畫面下方的中間位置，有一雙圈紋飾，大圓套著小圓。很顯然，這幅作品中蛇（垂直狀態）是作為象徵男性生殖器的，圓圈象徵著女性陰部。福州農婦多帶銀製蛇簪〔註92〕，把蛇的圖像作為圖騰來賦予物體之上，並將這種具有蛇的形象戴在女性頭上，而「簪」又是棍狀或尖狀物體，正符合弗洛伊德所闡述蛇的象徵觀點：「那些在神話傳說中代表生殖器的動物如魚、蝸牛、貓、鼠

〔註92〕周亮工撰，施鴻保撰，來新夏校點：《閩小紀・閩雜記》（卷九・蛇簪），福州：福建人民出版社 1985 年版，第 140 頁。

（代表陰毛），……而男性生殖的最重要的象徵則是蛇。」〔註93〕雲南碧江怒
族蜂氏族的女始祖茂英，相傳她是一群蜂演化成的人，長大後，她與蜂、蛇
等動物進行交媾活動而生下不同的族群，這裡的「蛇」就是男性生殖器的象
徵物。如在青海盧山有一幅《蛇與小凹點》的岩畫（圖136），原始先民為了
表現生殖崇拜，就在岩石上刻繪了一些大小比例不均的小坑穴，每一個小坑
穴都代表了女性的性器官，在眾多小坑穴的中間有一個根長長的波折線，類
似於蛇，這條抽象的波折線有可能象徵著男性生殖器。作者試圖借助這種被
簡化抽象的圖像恰如其分地去表現富有深層意義的生殖巫術意象。以上的這
些例子都是先民基於某種民俗與巫術而生成的生殖崇拜觀念。這些不同的蛇
形岩畫符號深深刻繪於岩石表面，他們均借助於蛇所形成的圖像力量去傳達
符號的象徵內涵。總之，蛇的身軀具有長條狀和圓柱的形狀，而且它圓潤富
有一定的柔韌特點，在中國大司空村的彩陶器皿之上有很多類似於男根的裝
飾紋飾，這些紋飾與古代的「蛇」字具有一定的相似性。

圖136：青海海西蒙古藏族自治州天峻縣盧山岩畫

來源：《中國美術分類全集》編委會：《中國岩畫全集》（西部岩畫1），瀋陽：遼寧
美術出版社 2006 年版。

〔註93〕〔奧〕弗洛伊德：《夢的解析》，趙辰譯，北京：西苑出版社 2004 年版，第 149
頁。

　　蛇的象徵性是由於圖像自身所具有的情感屬性而導致的。「蛇性淫，能連續性交，具有很強的繁殖力。」〔註94〕英國學者卡納在其《性象徵》一書中說：「因為狡猾的蛇，象徵色情，性慾，及性姿等等。據說人體的健康，及兩性的自然相吸引，都是蛇的作用所致。」〔註95〕在原始社會的新石器時代，人們就開始崇拜蛇、蜥蜴等爬行動物，這些爬行動物一般都生活在土地上，土地被人類稱之為「萬物之母」，因為它能夠給人類提供足夠的生活資源。在此基礎上，「土地」由原來的母性觀念延伸到象徵著女性生殖器的層面，而蛇是圓柱、杆狀的物體，弗洛伊德說，杆狀或者柱狀物象均象徵男性性器官。蛇在土地上爬行，土地（女生殖器）在下，蛇（男生殖器）在上，也就象徵男性生殖器進入女性身體內部。在那個時候，崇拜一個物象就把這種物象化作一種圖像，從而實現生育得子的心理願望。因此，先民通過把蛇的符號刻繪於岩石之上，賦予這種具有神性化的圖像以主觀生殖的觀念，這種圖像已經顯示出某種生殖巫術的功利意義。他們將這種圖像憑藉某種儀式和儀軌進入人的內心深處，並扎根發芽，把整個氏族人口的繁衍的「任務」完全寄託在這個圖像上，在一定程度上，蛇已經成為人類繁衍和動物繁殖的重要「生殖神」。

　　先民利用蛇形的曲線形體來傳遞著男性的生殖力和繁殖力。在中國青海盧山有一幅被作者抽象簡化的生殖岩畫圖像，畫中有大量的點狀元素組成，在其中間有一道曲曲折折的折線形象，其中的折線象徵著男性的生殖器，而圓點在岩畫或者在彩陶紋飾中具有卵的式樣，不管形態還是結構，在這裡，「圓點」則代表女性，〔註96〕中間的蛇形線從圓點中間穿過，象徵著男女之間的深度交媾。「蛇」符號象徵著人與動物發生性關係的一種交流媒介，也象徵著生殖力的執行者，先民利用蛇的形態去傳遞先民旺盛的生育欲望。抽象的「點」狀物又是生殖力的接受者，即是說，蛇與男性的生殖器在生殖意義角度上是一致的。在雲南石林彝族自治縣石林岩畫點的第三處石壁上就繪製有蛇的圖像，畫面上用赤礦粉繪製了三個形象，左邊的一條站立的蛇，類似於男性生殖器挺立的狀態，中間是男性，右邊是女性。男性處於中間位置，

〔註94〕中國岩畫研究中心：《岩畫》（第一輯），北京：中央民族大學出版社1995年版，第36頁。

〔註95〕〔英〕Harry cuter：《性崇拜》，方智弘譯，長沙：湖南文藝出版社1988年版，第171頁。

〔註96〕楊超、范榮南：《追尋沙漠裏的風：巴丹吉林岩畫研究》，北京：九州出版社2010年版，第97頁。

凸顯了父系氏族社會對男性的崇尚，圖中以蛇作為先民生殖力與繁殖力的重要象徵，被賦予增強和激發人類生育和動物繁殖能力的巫術功能。

總之，相比較而言，「蛇」的象徵性更具有男性生殖器的某些特徵，不管在國內還是國外，普遍存在著將蛇形符號作為生殖崇拜意象的現象。他們將蛇形符號完美地與男性生殖結合起來，進一步塑造了岩畫中蛇意象的內涵。它承載了男性生殖「力」和動物繁殖「力」的意義，傳達出先民對於生殖器的崇拜和對生命之源的追求。

綜上所述，中國史前男性生殖崇拜觀是原始人類在生產和生活中一個重要的原始宗教信仰，他們憑藉誇張、抽象的手法將柱式、箭、蛇等體現原始生命精神的男性生殖符號意象地刻繪於岩石表面上，以此來表達自己「對生殖的崇仰心理和多生的願望」〔註 97〕。這不僅體現了史前先民對物象高度的概括性和抽象性，更是寄託了原始先民對個體生命的謳歌和繁衍子孫後代的急切心情。

（二）女性生殖崇拜意象

人類崇拜性器官的歷史先後經歷了十分漫長且逐步漸進的原始女性生殖器崇拜、男性生殖器崇拜以及男女合體的生殖崇拜階段。值得注意的是，女性生殖崇拜常常被使用不同的象徵符號來隱喻，有的是模仿女陰的內外之形，它們大多數取材於自然界的動植物形象，他們相信，自然界裏的一些植物、動物符號都與女陰或女性生殖行為有著密切的關聯。「具有生殖旺盛、繁衍不息特徵的魚、蛙、花卉、植物、田畝作為女陰的象徵物；」〔註 98〕他們就在岩石上刻繪出千姿百態的桃形符號、魚形符號、青蛙、凹形、葫蘆、田地、三角形以及花卉符號。有的以一些抽象幾何符號進行隱喻，如幾何紋飾，如菱形、橢圓形、三角形以及坑穴。以上兩類的生殖崇拜符號都是先民基於原有物象特徵，將原始符號的象徵色彩鮮明地呈現出來。這些蘊含著濃厚的女性生殖崇拜符號的「代碼」通過主體的聯想和想像，在岩畫中被形象地呈現出來。在原始岩畫裏所出現的女性生殖符號是先民對於生殖崇拜最直接的表現，這種表現保留了原有物象的某些特徵，並形成一種主觀化和藝術化相結合的

〔註97〕鄧福星：《藝術前的藝術——史前藝術研究》，濟南：山東文藝出版社 1986 年版，第 174 頁。
〔註98〕賀吉德：《賀蘭山岩畫研究》，丁玉芳整理，銀川：寧夏人民出版社 2012 年版，第 141 頁。

象徵話語體系。總而言之，中國史前岩畫中的女性生殖崇拜符號從根本上說正是對女性生殖訴求的一種外在造型或結構的圖像顯現。

1. 女性生殖崇拜意象——花卉符號

在雲南元江、四川珙縣、內蒙古陰山、庫魯克山興地以及內蒙古阿拉善地區的岩畫中，多有刻繪以花瓣為主要造型來表現女陰或崇拜女性生殖觀念的圖像。只是不同地域刻繪的花瓣造型略有差異，有的側重於寫實，如內蒙古陰山花卉岩畫就是以波斯菊為參照對物象進行細緻地刻繪。有的將現實花卉物象進行簡約地處理，側重寫意，如四川珙縣將花瓣簡化為三角形，中間的花蕊也被簡化成一個圓形。還有的將花卉賦予人格化和神話色彩等。總之，不管這些岩畫點的花卉圖像呈現什麼樣的形態，它們都是來源於客觀物象，都是對客觀物象真實的描摹和記錄，大多數又是對女性性器官的象徵性表現。

花卉在中國古代文化中象徵著女性的性器官或對生殖的崇拜。花卉不但常常被人們形容女性的神情與姿色，也被人們認為是女性性器官的象徵。在原始社會，「先民不得不求助於那些具有象徵性的自然物象，他們或多或少的具有某種隱喻和象徵性去傳遞他們自身的思想。因此，太陽、月亮、白天和夜晚、樹、花卉、動物都超越自身的原始物象去象徵主體的內在意義。」〔註99〕弗洛伊德在《精神分析引論》一書中說過：「花卉代表女性生殖器，特別是處女的生殖器。」〔註100〕我們知道，花是植物重要的外在生殖器官，每一年的植物都長出繁茂的枝葉，開出大量的花朵並結出大量的果實。如廟底溝類型的很多陶器上就裝飾有花瓣紋飾，陳望衡就認為這些花瓣紋飾就是女陰的象徵。〔註101〕據說在安溪的婦女由於不孕而被認為是花宮損壞，不得不求助於獅母（女巫）看花宮。〔註102〕在廣西壯族自治區的神話中有一位「花婆神」，她是由十九朵鮮花幻化成的，又被稱為「花王聖母」的姆六甲。〔註103〕傳說她是萬物之母，她具有強大的生殖能力，她送花給誰家，

〔註99〕André Leroi-Gourhan. *Treasures of Prehistoric Art*. New York: Harry N. Abrams. INC., 1967, pp.18.

〔註100〕〔奧〕弗洛伊德：《精神分析引論》，高覺敷譯，北京：商務印書館1986年版，第119頁。

〔註101〕陳望衡：《文明前的「文明」：中華史前審美意識研究》，北京：人民出版社2017年版，第613頁。

〔註102〕齊濤、萬建中：《中國民俗通志》，濟南：山東教育出版社2005年版，第21頁。

〔註103〕蘭鴻恩：《廣西民間文學散亂》，南寧：廣西人民出版社1981年版，第24頁。

這一家就能生孩子。〔註104〕賀吉德也認為：花卉象徵著女陰，將女性形容為「含苞未放的花」，男性追求並與女性發生性愛活動稱為「採花」，「採花」就是與女性的性器官發生關係的代名詞。〔註105〕花卉之所以被史前先民崇拜為女陰的符號，更重要的是花卉撐開的造型以及花蕊的位置和女性性器官的結構極其相似，〔註106〕如在四川珙縣麻塘壩懸崖壁崖畫中的花形狀的形象，是由一個圓圈狀的花蕊和在圓圈之外的很多類似於三角形的花瓣組成。這朵花基於巫術宗教視角或許象徵著女性的生殖器。又如在廣西岩畫中有一幅類似於花的形狀的岩畫，畫面中有內外兩個圓圈，內外圓圈之間有經過被原始先民將原來半圓花瓣簡化成三角形，中間有一個小圓圈，整體也是類似於女陰的結構。

　　中國史前女性花卉生殖符號是先民們對於生產和生活中的物象高度概括和模擬的結果，這種模擬是先民觀物取象之後，經過高度歸納而創構的，它包含了主體對客體的情感和巫術思維。這類物象「開始是寫實的、生動的、形象多樣化的，後來都逐步走向圖案化、格律化、規範化。」〔註107〕在這個造型過程中，先民將象徵性的語言、巫術思維、美觀性、裝飾性、形式美等觀念主觀注入花卉符號之中，生殖崇拜的意識被凝練在先民用線條刻繪的花卉符號中。

　　首先，基於寫實視角的女性生殖器意象的表現方式。如❀、❁、❋、❀、❦、❀等花卉圖案，每一個視覺圖像都是先民對自然花卉造型的生動再現，這些花卉是主體在對現實花卉的感性外觀深刻體悟的基礎上生成的，是主觀和客觀相契合的結果。每一個符號都和現實的花卉圖像有著密切的聯繫，他們把花瓣和花蕊刻畫得儘量符合原有物象，在此基礎上進行某種細微的變化，從而與女性生殖器的造型關連起來。以上幾個花卉符號大都呈現著向外張開的視覺效果，形態較為寫實，線條概括性較強。在這些花卉例子中，作者都突出了中間的花蕊，這就給我們提供了一些解讀圖像的線索。向外張開的花瓣就像女性陰部的陰唇，而中間突出的且顯得生機盎然的花蕊就像陰道。花蕊是植物種子的受孕器官，寓意著女性能夠通過這個部位達到繁育子孫的功利目的。

　　其次，幾何化或圖案化的女性生殖器意象的表現方式。如庫魯克興地岩

〔註104〕農冠品：《壯族神話集成》，南寧：廣西民族出版社2007年版，第21頁。
〔註105〕賀吉德：《賀蘭山岩畫研究》，丁玉芳整理，銀川：寧夏人民出版社2012年版，第225頁。
〔註106〕賀吉德：《賀蘭山岩畫研究》，丁玉芳整理，銀川：寧夏人民出版社2012年版，第225頁。
〔註107〕李澤厚：《美的歷程》，北京：生活・讀書・新知三聯書店2009年版，第25頁。

畫中的花卉符號❀、溫宿縣包孜東的岩畫花卉符號✿，香港的花卉岩畫✾和廣西岩畫✳等，這些花卉符號都是先民對現實花卉幾何化和圖案化的結果，每一個圖像將原有的物象中的曲線或者細節簡化，又加入一些幾何圖形或「S」形線條。從這些被幾何化或圖案化的符號來看，符號的結構和造型很好地彰顯出女性生殖器的形狀，特別是香港花卉岩畫符號，用雙線條刻繪成向內彎曲的捲曲紋，好似女性的大小陰蒂，而中間直立的線條分出多個花頭，寓意著花蕊能繁衍出更多的果實來。儘管造型各異，但是都表現出在某種結構和形態上與女性性器官具有高度的相似性。

　　中國史前岩畫部分表面刻繪的花卉紋飾象徵著女性女陰或者隱喻著生殖崇拜，這種崇拜是基於原始交感巫術和相似律展開的。怒江臘斯底岩畫中有一花卉圖案：輪廓為一個圓圈，在內測，沿著圓圈刻繪半圓，在花朵的中間有一道豎，整體形成一個花朵造型，又與女陰的部分結構非常吻合。在新疆阿克蘇溫宿縣東北包孜東鄉的一幅岩畫中（圖137），畫面的左邊是一棵盛開的花朵，花瓣向裏收縮成一個卷雲紋，紋飾與女性性器官周圍相似，中間是一個桃形的圓圈，並從中間被一分為二，這個花卉植根於其下的一個田字格中，這田字格就象徵著土地。不管在造型上還是在內涵上，原始先民利用花卉作為女性生殖器的象徵符號，彰顯出古代先民對於生殖的崇拜和渴望。

圖137：新疆阿克蘇溫宿縣東北包孜東鄉的岩畫

來源：《中國美術分類全集》編委會：《中國岩畫全集》（西部岩畫2），瀋陽：遼寧美術出版社2006年版。

　　總之，中國史前岩畫中的花卉生殖符號是先民在原始生產基礎上發展起來的一種人和自然物象相結合的綜合體，它具有神秘性、生命性以及現實性等特徵，它是史前原始先民生殖文化體系的一個重要組成部分。先民對花卉感性形象進行基於情感和視覺上的體悟，打破了花卉本身的造型和固有觀念，創造出基於現實物象又超越現實物象的象徵生殖崇拜的花卉意象。在創構花卉意象的過程中，主體憑藉著聯想和想像，在一定程度上拓展花卉的外延內涵和意義，賦予其某種超自然的神奇力量。花卉符號中不但有人格化的成分，還有原始社會根深蒂固的交感巫術思維。由於這些花卉符號在內涵、結構、形狀等方面都與女性生殖器相似，先民們相信每一個花卉符號均具有超自然的生殖巫術力量，可以幫助先民們實現繁衍人口的目的。

2. 女性生殖崇拜意象──桃形符號

　　先民使用桃形符號來代替女性生殖器，以作為生殖的象徵，也是受到了相似律和互滲律的思維影響。在原始社會中，大多數的女性生殖題材都是取材於現實生活場景中的有關物象，在刻繪時，細節較少，運用簡約的線條或幾何形，對物象的主要輪廓和特徵展開刻畫，整體呈現為「表現、抽象、簡約、富於圖案裝飾性為特徵的象徵主義風格」〔註 108〕。桃形象徵符號在我國賀蘭山地區的岩畫中比較常見。賀吉德在《賀蘭山岩畫研究》中從物象的結構相似性來分析，他認為桃形符號呈現出一種程式化的造型式樣，它把整體造型限定在圓圈或方形之中，上下左右分別刻繪了一條由外向內發射的曲線，這四條曲線分別象徵著女陰的上下左右四個局部結構。〔註 109〕在新疆溫宿縣吐木秀克鄉阿尕衣那克柯塘的岩畫中，畫面上左邊刻畫了三個桃形符號，右邊有兩個人物形象，一個雙手上舉，作呼喊動作，另一個雙手平伸，作撕扯動作，形象的建構均使用簡約的線條進行刻繪。在左邊三個桃形符號中，有的中間有人，有的中間被一條線分割兩半。顯然，這幅作品中的桃子符號是與女性生殖器有關的，被先民賦予孕育後代的希冀。

　　桃形輪廓的人面像符號也表達了女性生殖崇拜。桃形人面像「是生育繁殖的象徵，屬於生殖圖騰岩畫。」〔註 110〕一些學者認為這種造型的人面像與

〔註 108〕蓋山林：《中國岩畫學》，北京：書目文獻出版社 1995 年版，第 207 頁。

〔註 109〕賀吉德：《賀蘭山岩畫研究》，銀川：寧夏人民出版社 2012 年版，第 139～140 頁。

〔註 110〕朱利峰：《環太平洋視域下的中國北方人面岩畫》，北京：中國社會科學出版社 2017 年版，第 179 頁。

女性的生殖器有著結構上的相似性，能從這些造像中直觀地看到女性性器官的特徵。先民使用這類人面像作為女性性器官的象徵，以期通過這樣的圖像來體現先民對生殖力的崇拜。如賀蘭山岩畫中有一個桃形人面像，整體呈現橢圓形，在其頂部有一直線，我們可以理解為性器官周圍的附著物或者作者試圖突破橢圓形的圍堵，在中間有兩個尖狀的扇形或者三角形，我們可以認為它是左右陰蒂，整個人面像完全仿照了女性的陰部結構而塑造出來的，形象生動，使人不免得驚訝，那個時候的先民能夠有如此的智慧，充分反映出先民對物象的細緻入微的觀察。在寧夏賀蘭縣金山鄉金山村賀蘭口地區有一組人面像，這些人面像的外形均呈現桃子造型，且每一個造型都有向內刻繪的弧線，左右上下的紋飾均呈現一種均衡的造型形式感，程式化的式樣比較明顯。同樣，在雲南元江哈尼族傣族自治縣它克岩畫點上有一處用紅色繪製在岩石上的甲蟲，這種物象被當地的少數民族稱為「生殖神」。整個造型呈現桃形式樣，兩個回紋重疊，中間一個點。

　　除了外形的相似，桃的生理習性也影響著先民以桃象徵生殖的思想觀念。由於桃「性早花」、「易植而子繁」〔註111〕，桃或者桃花都蘊含著對於女性生殖崇拜的精神寄託。桃和桃花均漂流在水之上，而女性懷孕期間的嬰兒均在羊水中孕育，說明生子離不開水，女子吃水中的桃子將會被受孕，「潛含著女子接受水的生殖力的意義。這種接受是以水中之物為中介來實現的，按接觸巫術的原理，水中之物因與水接觸便附上了水的生殖力，它進入女子體內，便將附於其上的水的生殖力帶入其中。」〔註112〕英國學者卡納在《人類的性崇拜》一書中也認為古人似乎喜歡以扁桃來象徵女性的性器。法〔註113〕國岩畫學者雷諾埃-古爾汗在他的著作《Treasures of Prehistoric Art》中對原始岩畫中出現的雌雄符號進行分門別類的整理，他認為史前岩畫中出現的矩形、桃形或者三角形都被認為是象徵著女性陰部（外陰）的符號。〔註114〕在雲南省大理市白族有一個流傳已久的神話：龍母到遠處的高山上獲取生活資料，發現了

〔註111〕　（明）李時珍：《本草綱目》〔M〕，北京：人民衛生出版社 1957 年版，第 1032頁。

〔註112〕　向柏松：《圖說中華水文化崇拜》〔M〕，北京：中國水利水電出版社 2015 年版，第 31 頁。

〔註113〕　〔英〕卡納：《人類的性崇拜》，方智弘譯，海口：海南人民出版社 1988 年版，第 43 頁。

〔註114〕　André Leroi-Gourhan. *Treasures of Prehistoric Art*. New York: Harry N. Abrams. INC., 1967, pp.145.

一個綠色的桃子，然後就將其摘下並吃掉了，就懷孕了，後來生了一個男孩。〔註115〕如《詩經·周南·桃夭》〔註116〕這首詩，作者就以桃樹、桃花與女性進行類比，以桃樹去象徵女性求得氏族多子多孫，就像植物那樣具有旺盛的繁衍技能，繼而被先民發展為一種對於生殖觀念的精神寄託。在中國土家族的結婚風俗中，要在新娘的被子裏隱藏多個桃子，寓意著女性來年多生貴子的生殖願望；基於此，他們在情歌中也使用「摘桃」、「吃桃」等比較具有性象徵意義的詞彙來表達對於生殖的崇拜。這些明顯是原始觀念的遺存。

總而言之，桃形符號是我國史前先民對物象的高度歸納與概括之後而形成的女性生殖崇拜意象。他們往往利用桃形盡最大可能去喚起對女性生殖器的某種聯想和想像，使得桃形符號超越原有的觀念，形成具有某種人格化、象徵化、神性化的女性生殖崇拜意象。

3. 女性生殖崇拜意象——坑穴符號

原始岩畫中的坑穴又稱小凹穴、杯狀坑〔註117〕或小圓穴〔註118〕，它是世界上最古老的岩畫母題之一。作為岩畫抽象符號系統中一個重要的組成部分，在史前岩畫中佔有重要比例。這種岩畫符號有的單獨存在，有的則是兩三個一組，還有的成群表現，如瑞典的斯坦巴根（Stenbacken）岩畫點上就有900多個這樣的小坑穴點〔註119〕。坑穴的造型一般是圓底形或者筒狀，有的坑穴符號連成環狀，或是6個形成一排或雙排排列〔註120〕。在我國，連雲港將軍崖、具茨山、青海玉樹、賀蘭山、臺灣萬山、內蒙古海渤灣等岩畫點，都有坑穴符號的身影。其鑿刻深度、大小以及經營位置等各方面在每一個岩畫區都不一樣。每個岩畫點上的坑穴直徑設計、深度、結構以及排列方面總體上是有意識地排列的。比如這些坑穴岩畫的直徑和深度都保持在大約 3～20 釐米和 0.4～10 釐米不等。又如坑穴岩畫的排列，有單個凹穴、兩個凹穴、雙排凹穴、梅花狀凹穴、方形凹穴以及無規律的凹穴，等等。它們的排列都很有

〔註115〕何星亮：《中國圖騰文化》，北京：中國社會科學出版1992年版，第230頁。

〔註116〕王秀梅譯注：《詩經》〔M〕，北京：中華書局2006年版，第12頁。

〔註117〕蓋山林：《中國岩畫學》，北京：書目文獻出版社1995年版，第167頁。

〔註118〕陳兆復：《中國岩畫發現史》，上海：上海人民出版社1991年版，第339頁。

〔註119〕賀吉德、丁玉芳：《賀蘭山賀蘭口岩畫》，銀川：寧夏人民出版社2017年版，第51頁。

〔註120〕寧夏岩畫研究中心：《岩畫研究》〔C〕.銀川：寧夏人民出版社2011年版，第80頁。

秩序性，坑穴與坑穴之間的距離相等，就像用標尺排列一樣。它們在可看見的元素與看不見的元素之間相互連接，以意構像，以圖顯意，從而使得這些坑穴岩畫擁有更加重要的象徵含義。關於坑穴符號的內涵有「星辰、血滴、精子、計數、性器、糞便、種子、穀物的顆粒、水滴、雨滴、蹄印、眼睛、羊隻、祭祀穴。」〔註121〕等等多種解釋。

　　坑穴岩畫蘊涵著女性生殖崇拜之意。坑穴岩畫一般憑藉鑿刻、磨刻等技法對坑穴點進行刻繪。整個坑穴岩畫的外在結構呈現類似於圓形、橢圓形或者筒狀形，大多數的坑穴岩畫均顯現為上大下小，給我們呈現「Ｖ」或「Ｕ」字剖面造型，其造型與女性的陰部或者陰道外形很相似。一個坑穴被岩畫作者鑿刻得很深，說明先民更加強調男性的性器官預要深深地進入女性的身體內，以有利於整個氏族部落繁衍後代。如湯惠生、梅亞文在連雲港將軍崖山頂測算的坑穴直徑在 8～16 釐米之間，深度在 5～8 釐米之間〔註122〕，根據王洪金測得將軍崖山頂的凹穴直徑分別為 4 釐米、6 釐米、7 釐米、8 釐米、10 釐米、14 釐米、16 釐米、17 釐米。〔註123〕從以上兩位學者測定的數值可以推算：坑穴岩畫的直徑已經平均達到一個男性性器官長度和女性性器官的深度。在今天的中國瀘沽湖地區的「烏角區的摩梭人把喇孜岩穴內的鍾乳石凹視為女性生殖器，木里縣俄啞納西族把阿布山岩穴凹坑視為女性生殖器。〔註124〕」同時，把「螺等帶有穴孔的動物、天然的洞穴和凹地則用以象徵女陰。」〔註125〕在印度，坑穴符號意為一種豐產的象徵，更是女性性器官的標誌，〔註126〕他們將溝畦與陰部以及種子與精液這兩對詞彙相類比。韓國學者黃龍渾在《韓先史時代的杯狀穴考》中也認為凹穴就是一種「性穴」，它是原始先民對女陰或女性生殖崇拜的最直接的體現。〔註127〕王大方在《草原文明的

〔註121〕賀吉德：《賀蘭山岩畫研究》，丁玉芳整理，銀川：寧夏人民出版社 2012 年版，第 117 頁。

〔註122〕湯惠生、梅亞文：《將軍崖史前岩畫遺址的斷代及相關問題的討論》，《東南文化》2008 年第 02 期。

〔註123〕王洪金：《將軍崖大石星圖考》，《東南文化》1993 年第 05 期。

〔註124〕趙國華：《生殖崇拜文化論》，北京：中國社會科學出版社 1990 年版，第 160 頁。

〔註125〕趙國華：《生殖崇拜文化論》，北京：中國社會科學出版社 1990 年版，第 294 頁。

〔註126〕蓋山林：《中國岩畫學》，北京：書目文獻出版社 1995 年版，第 167 頁。

〔註127〕劉五一：《中原岩畫》，鄭州：中州古籍出版社 2012 年版，第 165 頁。

神奇畫卷——內蒙古岩畫》一文中認為，烏蘭察布的凹穴岩畫象徵著女性生殖。〔註128〕在北美太平洋和西伯利亞地區，坑穴岩畫均被當地人看作是女性的生殖器，是女性生殖崇拜的象徵。由此可見，坑穴岩畫符號被史前先民認為是一種女性生殖符號，史前先民運用這種圖像來表達他們對原始社會人口繁衍的渴望和希冀。如在賀蘭山賀蘭口的「單線條人形岩畫中，雙腋下左右兩坑穴，應代表乳房。人形叉開的兩腿間有一個坑穴，應代表女陰。一豎槽兩邊各鑿刻一個坑穴，整體圖形當為男根，兩坑穴代表左右對稱的睪丸。」〔註129〕因此，坑穴岩畫符號是作為一種原始先民的生殖崇拜而存在的，表現了先民們強烈的生命意識和巫術情感。

綜上所述，坑穴岩畫符號體現著原始先民的生殖崇拜，從不同地點的坑穴岩畫來看，它們都在揭示著原始人類處理人與自然、人與宇宙、人與子孫之間的生存問題，每一個坑穴圖像都帶有家族或者個人的原始宗教使命和審美情趣，都夾雜著原始人類對於自然萬物所具有的秩序性的讚美之情。先民把坑穴岩畫符號作為一種被自己主觀意象化了的、對現實生活的映像，其排列給我們呈現了不同的形式美感。這些坑穴岩畫往往將程式化的造型語言付諸於畫面的形式美之中，把功利性和宗教性作為坑穴岩畫自始至終的一個重要元素，它的動靜相宜、剛柔相濟、陰陽互補的造型與形式美感都「表現了中國岩畫自成一體的同一性，表現了中國遠古先民們率真、簡約而又整齊劃一的審美風尚。」〔註130〕

4. 女性生殖崇拜意象——魚形符號

魚形符號是先民象徵女性生殖的另一個重要的符號，這類符號最早起源於岩畫。原始先民相信，魚的繁殖力強，可以通過交感巫術將這種繁殖力傳遞給人類。在新疆哈巴縣的魚形人面像、貴州岩畫中的魚形紋飾以及香港的一些岩畫中出現的三角形的魚紋變體圖像，都是通過具象的符號或者抽象的形式呈現的。

原始先民以「魚」作為旺盛繁殖力的象徵。「魚」在原始社會不但作為一種

〔註128〕王大方：《草原文明的神奇畫卷——內蒙古岩畫》，《內蒙古社會科學（文史哲版）》1995年第05期。

〔註129〕賀吉德：《賀蘭山岩畫研究》，丁玉芳整理，銀川：寧夏人民出版社2012年版，第117頁。

〔註130〕朱志榮、朱媛著：《中國審美意識通史》（史前卷），北京：人民出版社2017年版，第11頁。

比較常見的食物，也是先民主要的經濟來源。先民捕到魚之後，通常把魚皮製成長袍、魚皮套褲，〔註131〕魚肉則供氏族部落成員享用。他們在剖開魚腹的時候發現魚腹部有很多的魚子。先民就認為魚的生殖與繁殖力非常旺盛，對其抱有高度的讚美和崇拜，並將人的繁衍與魚的多產形成類比關係。史前先民把魚的這種生殖力與繁殖力作為人的現實繁衍與生殖祈願的一部分，他們期望能將魚的這種旺盛的生殖力轉移到女性的身上，他們渴望通過魚的強大的繁殖能力讓人類在實際生產中產生一種轉化效應。「魚」在希伯來語來解釋為：繁盛、繁殖，也可作增殖來講。聞一多在一篇《說魚》的文章中就認為魚具有多子、繁殖力強等特點，與原始社會繁殖人口有著直接的關係。〔註132〕

　　原始先民將魚作為女性生殖崇拜的象徵。人們崇拜魚，是希望女性能獲得魚的這種繁殖後代的能力。趙國華在《生殖崇拜文化論》中說：「半坡先民精工特質了彩陶，繪上特定的魚紋，用以舉行特別的魚祭，那些魚紋自然有特殊的含義。從表象觀察，是半坡先民崇拜魚類；從深層分析，則是他們將魚作為女陰的象徵實行生殖崇拜，其目的是祈求人口繁盛。」〔註133〕在半坡先民的視野中，魚和女性的生殖這兩件事像是相互不可分割的，魚象徵著女性的女陰，把魚腹中數不清的魚子與女性多產相聯繫，它們之間共同建構起一種圖像互滲關係。從表面結構上來看，「魚形特別是雙魚和女陰十分相似，雙魚宛如女子的兩片大陰唇，中間還有個孔。」〔註134〕「從內涵上，魚腹多子，繁殖力強，與女陰功能相同。爾後以魚象徵女性。」〔註135〕如在雲南丘北獅子山岩畫的兩條魚岩畫（圖138），畫面上給我們展示了兩條具象的魚。其中一條魚的魚鱗被岩畫作者用線刻繪地很清晰，很具象，這是寫實性的描寫。這幅畫面上，魚的造型很像一個人形，雙腿叉開，站立。顯然是將魚擬人化，看作是神靈一般的存在，以此來祈求人口能像魚那樣快速繁衍後代。雲南滄源

〔註131〕鄂・蘇日臺：《狩獵民族原始藝術》，海拉爾：內蒙古文化出版社1992年版，第49頁。

〔註132〕孫黨伯、袁春正主編：《聞一多全集》（第三冊），武漢：湖北人民出版社1993年版，第248～249頁。

〔註133〕趙國華：《生殖崇拜文化論》，北京：中國社會科學出版社1990年版，第107頁。

〔註134〕劉達臨：《雲雨陰陽：中國性文化象徵》，成都：四川人民出版社2005年版，第29頁。

〔註135〕戶曉輝：《岩畫與生殖巫術》，烏魯木齊：新疆美術攝影出版社1993年版，第78頁。

岩畫第七個岩畫點上，有一個雙臂張開，小臂向下彎曲，無足，頭戴斧形裝飾物，身下呈現魚尾狀的畫像。這個形象完全按照魚的造型形態進行繪製，頭小，中間大，保持了魚的很多最明顯的特徵，這種用象徵物來寄託精神的行為，不只是一種情感與性慾的宣洩，更是一種創造新生命、讚頌生命精神的真摯感情的外在顯現。這充分說明，史前先民想運用人與魚在造型上進行相似度的結合，形成一種人魚共體的「生殖神」。如西藏任姆棟早期有一幅祭祀場景的岩畫，畫面右上方刻繪了一條肚腹圓圓的並孕有十條小魚的母魚。畫面最下面有十條魚的造型，它們的頭均朝下，尾朝上。在母魚的周圍有一群鳥首人身狀的巫覡正在圍繞著這條母魚載歌載舞，好似在表達部族希望通過母魚孕育小魚的這個過程去體現人們對生殖的祈求和希冀。鳥和魚在原始時代是繁殖人口的象徵，鳥代表著男性，而魚則象徵著女性。鳥與魚的結合充分體現了史前先民利用巫術符號來繁衍後代的功利化目的。這樣類似的鳥魚圖像還有新疆阿勒泰地區的《鸛鳥啄魚圖》等岩畫。

圖138：雲南丘北獅子山岩畫

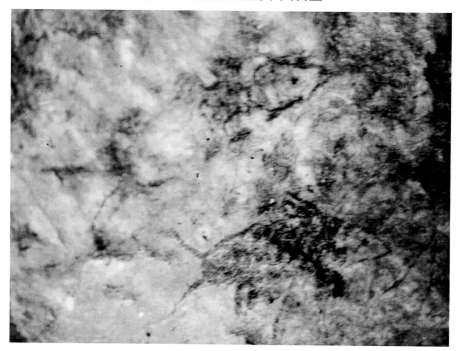

來源：《中國美術分類全集》編委會：《中國岩畫全集》（南部岩畫2），瀋陽：遼寧美術出版社2006年版。

　　總而言之，對魚形的生殖崇拜其實就是受到繁衍人口、增殖動物的觀念影響。原始先民利用魚的結構造型、多子特徵以及語言諧音，憑藉著主觀符號化的圖像把女性生殖、吉祥寓意與魚圖像相結合，創造了岩畫中的象徵女性生殖崇拜的魚意象。它是先民交感巫術的具體外在呈現，是先民受原始互滲思維影響創構的崇拜意象之意，生動體現了原始先民對於生命的讚頌，呈現了原始先民的審美觀、豐產觀以及巫術觀。

　　綜上所述，史前先民運用花卉、坑穴、桃形以及魚形符號作為女性生殖崇拜的象徵，表達了先民對繁衍後代的強烈願望。他們把人類身體上的生殖部位有意識地誇張和神化，與原始思想觀念緊密相結合，形成了具有本氏族特色的生殖文化。他們以藝術化的符號去表現原始先民對於生育、繁衍人口的強烈願望和強烈要求。因此，原始岩畫中的女性生殖符號是建構在人類主觀生育思想觀念基礎之上的巫術思想，他們把自己的主觀意志和祈願通過繪畫的方式巧妙地外化為審美圖像，他們想以圖傳意，以圖顯意，並主觀賦予其超感性的巫術力量，從而能給我們呈現出一幅可感、可看的，虛擬、抽象、神秘的岩畫生殖崇拜意象。

五、本節小結

　　綜上所述，中國岩畫的巫術意象是先民建構在對現實物象高度概括和體悟基礎之上的，融匯了原始巫術思想。在其創構的過程中，體現了先民「觀物取象」、「虛實相生」等的審美方式。無論神靈意象、圖騰崇拜意象還是生殖崇拜意象，它們都是借助於視覺感知、心理建構而產生的，以超感性的形式形成了超脫於現實物象的靈動意象。創作者將一個個的心中之象憑藉著點、線、面等藝術元素物幻化成令人產生審美愉悅和精神寄託的岩畫圖像。這種內心之「象」是原始先民基於現實物象感悟而來，每一個岩畫符號都與先民的生命情感緊密相關。因此，這些岩畫意象，是人類巫術信仰和審美觀念的具體體現，是原始人類認識世界和改造世界的重要方式，是先民對現實時空的拓展，是人類內心情感的圖像寄託。

第四節　本章小結

　　中國史前岩畫意象的創構是原始先民以發展經濟、維持生活為目的，以對各種物象和事象審美觀照的基礎上，借助於日積月累的審美實踐活動與原始

神性活動相結合所創構的。它包含了原始先民對自然物象的生理認知和情感的認同，體現了先民們的巫術觀念和審美意識。先民在創作中，基於現實物象而又超越現實物象，對物象進行有秩序地、有選擇的、有取捨地體悟與審美觀照，運用高度概括性的藝術語言將心中之象呈現出來，是一種反映先民精神世界的審美活動，真實地記錄和反映當時社會的生產、生活面貌和審美意識。他們把天體等自然物象想像成巫術神靈，並將其以擬人化的手法表現出來，高度體現了原始思想中萬物有靈和以己推物的觀念。岩畫意象的創構活動摻雜著巫術思維，這也使得岩畫中的魚、花卉等不同生殖符號在物我交感的活動中發揮著了一定的繁殖和增殖的功效。先民把主體的精神意識賦予現實物象，現實物象就成為象徵物和崇拜物，用這種形式來呈現原始先民的生命精神和審美意識。

結 論

　　史前岩畫是中國繪畫藝術和審美思想意識的源頭活水。史前先民們給我們所呈現的異彩紛呈、別具特色的岩畫藝術，其中包含著史前先民自身的情感脈絡、風俗習慣以及生活場景，向我們揭示了史前時代人類的社會生活、宗教觀、宇宙觀等精神生活，這些生動且具有豐富審美意蘊的岩畫，對中國傳統審美意識的形成尤其是在中國傳統繪畫藝術的發展方面產生了深遠而又積極的影響。我們深入研究中國史前岩畫不但是為了去追溯中國審美意識形成的重要源頭，也是去探求中國傳統繪畫藝術的內在審美意蘊，「重新去發現我們的思維、想像，以及創造神話、感覺和試驗的方式所賴以建立的那些目的和基本情感。這同時也是重新去發現我們的表達和交流能力所歷經的發展和演化進程，這些能力至今仍在如此強烈地影響著個人、群體、種族和人類的社會聯繫以及生活的目的。」〔註1〕從中可以釐清中國審美意識和傳統繪畫藝術發展的歷程。它不僅有助於我們進一步認識史前先民製作圖像的形式規律和方法，進一步認識先民是如何將現實物象轉化為審美圖像，並逐步以圖像為核心去認識史前時代先民的審美意識和思維發展，探索其中所固有的中華民族審美意識資源，將這些寶貴的資源傳承下去，更好地為現當代藝術的發展提供更加鮮活的生命力。研究中國史前岩畫有助於我們去探索文明前的「文明」，有助於我們從源頭來探究審美意識的內涵，並為中國傳統繪畫和中國美學的發展提供了寶貴的感性材料。對於史前岩畫的研究，也可以推動當下的藝術創作和欣賞。

〔註1〕〔法〕埃馬努埃爾·阿納蒂：《藝術的起源》，劉建譯，北京：中國人民大學出版社2007年版，第18頁。

　　岩畫是一種文化的表達媒介，是史前先民的「心印」，他們利用點、線、面、體等多種元素對所看到的現實物象進行再現或者對其賦予某種宗教性，把這種史前文化系統轉化為記錄自然、瞭解自然、呈現自然的一個窗口。它將各地區的民族特性、時代特點、藝術風格、審美特徵等方面嫻熟的用意象化的圖像呈現出來，為後來的傳統繪畫藝術提供了寶貴的繪畫技巧、繪畫風格以及繪畫構圖等。

　　在中國史前岩畫藝術中，原始先民運用多種造型元素創構出豐富多彩的構圖形式、內涵深刻的象徵符號以及用寫實或寫意的繪畫手法，並運用高度簡約、誇張、變形的方法對物象進行造像，它既狀物又抒情，使得史前先民創作出天真、稚拙、神秘、抽象以及高度簡約化的平面藝術作品。這些藝術作品恰恰反映了先民對現實物象的高度概括和總結，作品中所呈現出的生命精神與當時先民的精神需求具有相當地契合性，因而能引起當下藝術家對藝術作品創作的欲望。他們用不同的造型元素去訴說著先民自身對神靈的寄託和情感慰藉。

　　中國史前岩畫體現了多種元素的複合成像。岩畫自身是由多種元素構成的，有視覺元素的點、線、面以及體等，有造型元素，有構圖元素，有環境元素，更有宗教元素、審美元素等等。這些元素與主體相遇並契合融通。當受眾在借用聯想和想像對畫面進行審視的時候，先民就會主動地調動這些元素進入到這個視覺的造型圖像之中，它們物我交融、以象寫意，情景合一，以象顯神，把現實空間與畫面的空間相互融通，從而形成一幅具有審美意味的複合視覺圖像。

　　中國史前岩畫藝術是以「象」溝通人神的重要平臺。史前岩畫是原始先民在沒有文字記錄之前用圖像來記錄先民們生產和生活樣態的圖像，他們運用岩畫這種形式去表達他們內心的各種巫術思想。進而通過受眾對圖像的觀看之後而形成的意象來體現人與神的契合會通。顯然，「象」是一種方式。在中國史前岩畫中，大量出現了一些對於各種神靈的崇拜圖像，如生殖神、動物神、植物神等等神靈，這些神靈均使用象徵這類物象的人與物來代表，通過人與物的姿勢和動作來展示對神靈的崇拜。凸顯了從「再現物象」到「表現自我」的視角轉換。這些物象都是對現實感性物象的模擬和寫生，經過先民對物象能動而又積極的瞬間創構，以心映物，觸物起情，感悟通神，將那些具有生動的、動態的具體物象用自由流暢地線條刻繪在岩石上，誘發受眾

想像，把現實物象與宇宙大化之道融為一體，以象顯神，以象盡意，神合體道，主客合一。這些形象均是原始先民主觀意志的外在拓展，均是先民對物象的超感性體悟的結果。他們用「象」來呈現自我，超越於自我，主體採用擬人化（anthropomorph）或者擬物化，將宗教性的觀念賦予對象上，把對象物旺盛的生命力快速轉移到人類的身上，從而形成一種人與神的相互轉換過程。在這個過程中，人通過「象」來實現他們對事物的控制以及對生生不息生命精神的高度體悟，而這個被控制的事物又是人類精神的化身和精神載體，從而實現岩畫圖像的人神合一，繼而實現以象體道，以象溝通的表達途徑與方式。

中國史前岩畫意象的創構呈現了宗教化的意味。從黑龍江到臺灣萬山，從連雲港到雲南滄源，在這麼大的區域之中，岩畫均呈現了宗教化的精神意味。我們猜測，史前岩畫被刻繪之初就受到萬物有靈思維的深切影響，任何物象均具有宗教特性，都具有溝通人與神的功能。因此，史前先民所創構的圖像大多是具有神靈意味的。圖像是呈現岩畫意象的重要基礎，沒有圖像，意象是很難被創構的。也就是說，原始社會的宗教巫術觀念或多或少的摻雜在被先民所塑造的岩畫造型之中，這種宗教觀念與圖像本身彼此就形成了一個交融體，先民基於物象而超越於物象，經過主觀對客觀的加工和處理，通過先民的聯想和想像，不知不覺地將宗教觀念藉以圖像造型、構圖或風格展示出來。並按照先民內心世界所需要的神靈模樣進行神靈創構，將宗教與圖像相互結合併呈現一種超越現實物象、詮釋生命精神以及突顯瞬間性的審美意象畫面。他們將這些圖像以象表意，以意顯象，意象結合，把圖像比作是真實的並喚起先民對現實物象的物質和精神希冀，圖像中的每一個動作都是先民崇拜各種神靈的非現實的主觀表現。

中國史前岩畫依賴周圍的環境而產生的一種具有能呈現宗教意味和彰顯神力的地景性。在這個場域內的一切物象均具有神性。縱觀南北方的各大岩畫區，無不揭示著對這種神聖場域意象的存在。連雲港將軍崖岩畫在一座高山上，斜刻在一整塊岩面上，向著太陽；廣西花山岩畫崖畫，面對左江；雲南滄源岩畫繪製在一個大的崖面上；賀蘭山賀蘭口的頭戴裝飾物的巫覡形象，等等，這些岩畫形象所在的空間環境都具有一個特性：場景具有無法言說的神秘性。先民在這些場域中做一些神聖的或者世俗的一些祭拜活動。而這些場域中是常人無法進入的。在這些祭拜活動中要呈現一個大的環境氣氛，

這個環境中的每一個元素都是具有宗教的或者有靈魂的特質,例如用血液或者手指繪製岩畫形象等。當然,也表明了對受崇拜對象的虔誠膜拜之心。岩畫所在的空間已經被具有象徵性的符號所滲透,他們的眼睛內部時時會產生一些抽象的幻象,每一個象徵符號都是一個神靈的「代碼」。岩畫作者刻繪在這個環境中任何一筆均被作者的思維打上了宗教神性的烙印,且經過作者刻繪出來的岩畫形象沒有止步於圖像的表層結構,而是經過先民對物象進行直接體悟,並基於誘發聯想,主動積極地去建構主體與物象之間的物我融合和情景合一的審美狀態,最後是以「象」來呈現整個空間環境。正如美國學者唐·L·吉萊特等人在《岩畫與神聖景觀》中說的那樣:「所有這些有關聯的世界都是有幾個強大的實體所構成,每個實體都有一系列特殊的力量。個人和群體可以與之溝通,這些超自然的實體常常會享用各種祭品。當這些實體居住或經過神聖景觀是,它們通常會與地球表面上的特殊地形相關聯,例如山脈、奇特的岩石、樹木、湖泊和湍流,而且它們的超自然能力也可以通過如雷暴和日出等自然現象而巧妙地展現出來。」〔註2〕因此,岩畫作為一種溝通天地、人神之間的平臺,它自身功能性的展示離不開場域空間,岩畫圖像所在場域空間的地理位置、場域與圖像的朝向以及由場域空間所引發的視覺、聽覺以及幻覺現象都與場域意象有著千絲萬縷的聯繫,先民將這些因素與岩畫圖像向相結合,從而形成了具有瞬間化、主觀化、宗教化以及神聖化的場域意象。

史前岩畫的造像呈現了世界性。從全世界五大洲69個國家、148個地區、超過820〔註3〕個岩畫區的68000〔註4〕個岩畫點來看,史前岩畫的造像從單元造像到敘述整個故事的集合造像,都具有相同的造型手法。不管世界的那個區域的岩畫造像,都凝聚著先民對現實形象或者臆想形象的精神寄託和追憶某個場景。他們均將現實物象作為參照,用高度凝練的線條和塊面對單個

〔註2〕〔美〕唐娜·L·吉萊特、麥維斯·格里爾、米歇爾·H·海沃德、〔墨〕威廉·布林·默里:《岩畫與神聖景觀》,王永軍等譯,銀川:寧夏人民出版社2017年版,第95~96頁。

〔註3〕〔意〕埃馬努埃爾·阿納蒂(Emmanuel Anati):《世界岩畫──原始語言》,張曉霞、張博文、郭曉雲、張亞莎譯,銀川:寧夏人民出版社2017年版,第5頁。

〔註4〕〔意〕埃馬努埃爾·阿納蒂(Emmanuel Anati):《世界岩畫──原始語言》,張曉霞、張博文、郭曉雲、張亞莎譯,銀川:寧夏人民出版社2017年版,第5頁。

物象或者集合物象進行塑造。這種造像高度體現了岩畫作者的主體審美意識和「近取諸身，遠取諸物」〔註5〕審美思想。他們將現實物象攝入到心靈深處，用線條快速對物象進行勾勒，且呈現出突出主體形象的意味，從而達到塑造物象的以形寫神的目的。他們所塑造的形態均是平面性的剪影效果，大部分先民使用這些具有平面性的圖像去寄託某種宗教情感或者審美情趣，把岩畫的功能性和宗教性共同柔和在一個畫面之中，他們盡最大程度去呈現史前時代人類塑像的標準——平面性。他們將物象進行誇張、變形，最大程度上展示物象的體態與姿勢，儘量不去遮蔽某個物象的局部，用鮮活生動的圖像去展現先民的審美情趣和宗教觀念。不管中國貴州岩畫點上的具有幾何形的巫覡還是印度尼西亞的守護神形象，他們所刻繪的岩畫形象大多數均具有動作性，就是一幅畫面中每一個形象都呈現出異彩紛呈的姿勢。先民將對象做動作的那一瞬間，將其定格下來，而這一瞬間正是能夠呈現對象物的敘事的時間。他們用簡略的筆觸塑造了一些妙肖自然、形象生動的時代精神符號，使得這些「有意味」的符號受到先民們對於超世間權威神力的頂禮膜拜。

　　中國史前岩畫是一個綜合的系統。岩畫是史前先民對古代生產和生活狀況的一種真實記錄和寫照，是文字在沒有出現之前，史前人類對原始狀態的一種嘗試性的闡釋和重要的交流媒介，他們用這種具有審美意蘊的圖像反映現實世界、把握圖像世界、崇拜神性世界的一個重要的切入點。他們將現實物象進行高度概括和歸納成線或面，將先民自己內心中的「象」用視覺圖像呈現出來，它的簡約、誇張的造型被後人所記住。我們說審美意象是一個主體對物象的超感性感悟，是將那些直觀地、感性的以及鮮活生動的物象被主體所接納，是主體感悟通神、體悟得神並基於審美經驗的判斷，將那一瞬間的審美感受抒發出來。他們始終以客觀物象作為取象基礎，而又要超越客觀自然的束縛，將那些現實物象幻化成似與不似的藝術意象，將主體創作者的思想情感注入到畫面中，這種心理活動將伴隨著作品的創作始終。也就等於說，史前社會中的感性物象均可算作岩畫藝術家創構意象的基礎素材，他們將現實物象經過概括和誇張形成了藝術家心目中的形象，以象寓意，以意構像。他們將物象概括成線，用流暢、曲折和超感性的線條去書寫人類偉大的藝術形式，用這些線條去讚美現實中的生命精神。當然，線條是基礎元素，他們用線條去創構不同的題材與岩畫造型，如生殖、動物、

〔註5〕黃壽祺、張善文：《周易譯注》，上海：上海古籍出版社2012年版，第343頁。

生產生活以及狩獵等等，這些題材與造型在很大程度來說，是先民對物象在腦中的宗教抽象反映，是先民通過不同的技藝和媒介來將現實或臆想的造型物態化。可以說，這些題材的造型體現了物我統一，觸物起情，既類萬物之情，又通神明之德，使得先民的生命精神與宇宙的生命精神契合為一。他們用巫術的思維灌注於每一個造型之中，使其具有虛實相生、主客融合、空靈剔透的審美特質，每一個造型形象都在彰顯著生生不息的生命精神，他們將不同造型去呈現不同的造型藝術風格，每一幅視覺圖像在現代人看來好似在動，也好似在靜，更好似訴說著他們的往事。誠然，岩畫意象的創構還體現了作者極力憑藉著構圖來展現史前岩畫意象性。現實物象經過先民的直觀審美感受，用線將其創構成別具特色的各類造型，在此基礎上，先民要將不同形狀與姿勢的造型整合起來，成為一個能夠再現當時情境的畫面。在這個畫面中，先民利用不同造型的組合和架構給我們呈現出一個鮮明的岩畫構圖形式和特徵。他們將以圖顯意，重在強調構圖中對生命的體驗和穎悟。每一個構圖中都包含著先民對場景敘事的考慮。他們將動靜相宜的不同造型，以一種更加合情合理的構圖方法將其融入作者的內心世界中，他們憑藉著對物象的全身心的體悟，從而實現了先民自身的一種觀念、精神以及情感的解放。我們可以說，中國史前岩畫藝術的審美不但體現了先民對線、造型以及構圖，而且還體現了岩畫具有稚拙、質樸、象徵的藝術風格。我們說，岩畫的造型通過主體的穎悟，對物象的造型進行創構，創構之後而形成的藝術風格對意象的生成有著重要的影響。

岩畫意象是人對物象進行審美聯想或想像後所形成的一種風格的創構，這種造型風格給我們呈現了藝術家對現實物象的創構過程，他們訴諸於各種技藝，將史前社會的宗教觀念、審美情趣以及經濟生活場景用圖像的造型風格呈現在受眾面前，他們既體現了藝術造型所呈現的審美特質，又用風格化了的形式去彰顯岩畫的意象效果。一方面，岩畫的造型風格寓意了岩畫圖像的某種內涵，只不過這種內涵被作者深深的嵌入到風格之中，突出岩畫畫面對現實「物象內在生命意興的表達」〔註6〕。另一方面，史前先民用造型風格去體現岩畫的功能特性、呈現自然風貌以及體現宗教觀念，每一種造型風格都鮮明地體現了中國傳統的尚象精神。他們把擬人化（anthropomorph）、擬物化的

〔註6〕李澤厚：《美的歷程》，北京：生活・讀書・新知三聯書店 2009 年版，第 55頁。

原始思維方式融入到這種藝術風格之中。同時，妙肖自然、法天象地地審美意識與天人合一的哲學觀念融為一體，從而形成了一種超脫於自然、具有象徵意味並契合於原始人心境的審美意象圖式。

　　總之，中國史前岩畫的審美特徵是一種以原始宗教巫術為核心，以岩石或崖壁為圖像依託，根植於中國原始社會、體現原始先民的主客觀意願、適應原始先民的審美要求和視角的世俗化生存信仰。在中國史前岩畫中，史前先民通過二維平面進行「儀式美術」或「儀式表演」，他們運用鑿刻或者刻繪的技法對物象進行高度概括和書寫，以粗獷、簡約化的線條，將先民內心中的生命精神物化為不同的視覺審美圖像，每一條線都是先民對於世界萬物的體悟、判斷和創造的融合體，每一條線或形象都受到原始宗教巫術觀念的統攝與影響，高度「體現著一種出自直率『自動書寫』的天籟情境。其藝術表現當屬最本質的人的生命力量的渲泄。」〔註7〕在那時，先民時刻基於現實物象而超越物象本源的審美判斷，他們將現實中的物象經過藝術加工帶給史前人類濃烈的意象情感表徵世界，把物象提升到一個更高的審美視角，把它們所看到的各種形象經過「心」、「手」、「腦」的意象加工，表達了原始先民豐富的審美觀念和宗教聯想，最終展現在岩石表面。畫面中線條的剛柔並進、形象的意廣象圓，都使得畫面的圖像盡顯「卷舒風雲之色」〔註8〕、「與天地精神相往來」〔註9〕的生命精神，從而形成一個具有描述自我、展現周圍環境、創構生命精神、彰顯審美意蘊的視覺優美畫面。他們憑藉著這些有意蘊的線條、造型或者構圖，向受眾廣泛地傳遞著他們對生活的熱愛，對巫術的崇拜以及對生命精神的高度讚頌。他們用各種形式無不體現著先民的審美意識和民族特徵，充分突出原始先民的生活習性和與自然世界和諧共生的處世理念。岩畫中的任何一個視覺圖像都是體現了作者的內心意象和藝術構思，它超越了自我的生命形式，他們將這種生命精神與神靈相結合，強化了宗教的神性在物象中的地位，它物我交融、主客契合、神合體道，將個體的生命精神深深刻繪在史前社會的直觀感性的圖像上面。先民將這種意象化的圖像刻繪在岩石上去訴說著已經遠去的童年生活，它的線條、造型、構圖以致於由線條、

〔註7〕蓋山林：《蓋山林文集》，哈爾濱：黑龍江教育出版社1995年版，第42頁。
〔註8〕（南朝梁）劉勰著，王運熙、周鋒撰：《文心雕龍譯注》，上海：上海古籍出版社1998年版，第245頁。
〔註9〕孫通海譯注：《莊子》，北京：中華書局2007年版，第381頁。

造型和構圖共同創構的審美特徵都使得我們去深思那個時代的人類的偉大。人們從這些具有美學化的圖像之中去聯想古代先民的生活場景、生活秩序、宗教風俗、經濟生產以及審美觀念。這些岩畫圖像鮮明地給我們呈現了史前人類繁衍生息的全部過程。當我們看到這些有意味的視覺圖像之時，我們不僅為之一振，這種震撼來自於對史前先民藝術創造力的高度讚賞。每一張岩畫都在向我們呈現先民所居住時代的自由、平等、共生和巫術觀。他們通過這些「有意味」的藝術圖像去建構屬於自己民族心靈的無聲的視覺世界，向後代人去展示史前時代曾經發生過的事件、情感以及他們所面對地嚴酷的生存現實，使得我們後代人能從源頭上更好地瞭解人類整個的發展歷程和人類童年的歷史故事。同時也向世人訴說著先民自己曾經有過的輝煌歷史！

參考文獻

(排名不分先後)

A

1. André Leroi-Gourhan. *Treasures of Prehistoric Art.* New York: Harry N. Abrams, INC, 1967.

2. Anati. E. *Valcamonica Rock Art-A New History for Rurope.* Edizioni del Centro Camuno di Studi Preistorici. Brescia, 1994.

3. Alexander Marshack. *More on the Endless Serpent*, Current Anthropology, Vol.27, No.3 (Jun., 1986), pp.263~264.

4. Alexander Marshack and Francesco D'Errico. *On Wishful Thinking and Lunar "Calendars"*, Current Anthropology, Vol.30, No.4 (Aug.~Oct., 1989), pp.491~500.

5. 〔意〕埃馬努埃爾·阿納蒂(Emmanuel Anati):《世界岩畫——原始語言》,張曉霞、張博文、郭曉雲、張亞莎譯,銀川:寧夏人民出版社 2017 年版。

6. 〔英〕愛德華·泰勒:《原始文化:神話、哲學、宗教、語言、藝術和習俗發展之研究》,連樹聲譯,謝繼勝、尹虎彬、姜德順校,桂林:廣西師範大學出版社 2005 年版。

7. 〔波蘭〕安傑伊·羅茲瓦多夫斯基:《穿越時光的符號——中亞岩畫解讀》,肖小勇譯,北京:商務印書館 2019 年版。

8. 〔美〕埃倫·H·約翰遜:《當代美國藝術家論藝術》,上海:上海人民美術出版社 1992 年版。

9. 〔法〕埃馬努埃爾·阿納蒂:《藝術的起源》,劉建譯,北京:中國人民大學出版社 2007 年版。

10. 〔蘇〕阿爾巴托夫:《論中國古代藝術》,林念松譯,上海:萬葉書店 1953 年版。

11. 〔奧〕阿洛瓦·里格爾:《風格問題——裝飾藝術史的基礎》,劉景聯、李薇蔓譯,長沙:湖南科學技術出版社 1999 年版。

12. 〔蘇〕A·A·福爾莫佐夫:《蘇聯境內的原始藝術遺存》,路遠譯,西安:陝西師範大學出版社 1992 年版。

B

1. 斑瀾、馮軍勝:《陰山岩畫文化藝術論》,呼和浩特:遠方出版社 2000 年版。

2. 斑瀾、馮軍勝:《中國岩畫藝術》,呼和浩特:內蒙古人民出版社 2008 年版。

3. 斑瀾:《陰山岩畫的美學審視》,《內蒙古社會科學(文史哲版)》1996 年第 01 期。

4. 斑瀾:《陰山岩畫與原始生命意識》,《內蒙古社會科學(漢文版)》2000 年第 01 期。

5. 鮑幸君摹繪:《阿爾泰山岩畫》,烏魯木齊:新疆人民出版社 2006 年版。

6. 〔英〕布萊恩·莫里斯:《宗教人類學》,周國黎譯,北京:今日中國出版社 1992 年版。

7. 〔美〕卜壽珊:《心畫:中國文人畫五百年》,皮佳佳譯,北京:北京大學出版社 2017 年版。

8. 〔英〕保羅·巴斯:《劍橋插圖史前藝術史》,郭小凌、葉梅斌譯,濟南:山東畫報出版社 2004 年版。

9. (漢)班固撰,(唐)顏師古注,《漢書》(第十一冊),中華書局 1962 年版。

10. (清)包世臣著,況正兵、張鳳鳴點校:《藝舟雙楫》,杭州:浙江人民美術出版社 2017 年版。

11. (漢)班固:《白虎通》,北京:中華書局 1985 年版。

12. 斑瀾:《中國南北方岩畫的審美特徵比較》,《內蒙古大學學報(人文社會科學版)》2002 年第 03 期。

13. Bedbarik. R. G. *The Use of Weathering Indices in Rock Art Science and Archaeology*. Rock Art Research, May 2012, Vol.29. Issue 1. pp.59~84.

14. 斑瀾、馮軍勝:《北方岩畫與草原文化建構》,呼和浩特:內蒙古教育出版社 2012 年版。

15. 斑瀾:《中國岩畫造型的流變》,《內蒙古大學藝術學院學報》2004 年第 02 期。

16. 〔英〕彼得·伯克:《圖像證史》,楊豫譯,北京:北京大學出版社 2018 年版。

17. Beth Hill. *Guide to Indian Rock Carvings of the Pacific Northwest Coast.* Hancock House Publishers, 1975.

C

1. 陳望衡:《文明前的「文明」:中華史前審美意識研究》,北京:人民出版社 2017 年版。

2. 陳履生:《傅抱石畫論》,鄭州:河南人民出版社 1999 年版。

3. 陳兆復:《中國岩畫發現史》,上海:上海人民出版社 1991 年版。

4. 陳兆復、邢璉:《外國岩畫發現史》,上海:上海人民出版社 1998 年版。

5. 楚默:《楚默全集》,上海:上海書店出版社 2014 年版。

6. 陳兆復、邢璉:《原始藝術史》,上海:上海人民出版社 1998 年版。

7. 岑家梧:《圖騰藝術史》,上海:學林出版社 1986 年版。

8. 陳兆復:《古代岩畫》,北京:文物出版社 2002 年版。

9. 陳兆復:《中國少數民族美術史》,北京:中央民族大學出版社 2001 年版。

10. 陳炳良:《神話·禮儀·文學》,臺北:聯經出版事業公司 1985 年版。

11. 陳勝前:《人之追問:來自史前考古學的思考》,北京:生活·讀書·新知三聯書店 2019 年版。

12. 查律:《象與筆墨:中國畫物象呈現方式研究》,北京:榮寶齋出版社 2010 年版。

13. 曹為:《從「共名」走向「無名」狀態的文學思潮》,合肥:合肥工業大學出版社 2011 年版。

14. 陳孝信：《關於動作瞬間的「黃金點」——讀《拉奧孔》箚記》，《美苑》1984 年第 03 期。

15. 查里譯：《漢斯・霍夫曼的教學筆記》，《美術譯叢》1983 年第 01 期。

16. Campbell Grant. *Rock Art Of The American Indian.* New York: Thomas Y. Crowell Company, 1967.

17. 陳高華、徐吉軍主編，宋兆麟著：《中國風俗通史》（原始社會卷），上海：上海文藝出版社 2001 年版。

18. 陳永國：《視覺文化研究讀本》，北京：北京大學出版社 2009 年版。

19. 岑家梧：《中國原始社會史稿》，北京：民族出版社 1984 年版。

20. 〔瑞士〕C・G・榮格：《人及其表象》，張月譯，宋運田校，北京：中國國際廣播出版社 1989 年版。

21. 〔美〕成中英：《易學本體論》，北京：北京大學出版社 2006 年版。

22. C. G. Jung. *Modern Man in Search of a Soul*, London: Kegan Paul, Trench, Trubner & Co Ltd., 1933.

23. （元）陳澔注、金曉東校點：《禮記》，上海：上海古籍出版社 2016 年版。

24. 陳兆復：《岩畫：人類早期的視覺表達》，《西南民族大學學報・人文社科版》2003 年第 12 期。

25. 程新元：《花山岩畫蛙意象舞蹈變形及審美內涵》，《商業文化》2014 年第 08 期。

26. 陳兆復：《古代少數民族的岩畫》，參見中國民族學研究會編：《民族學研究》（第三輯），北京：民族出版社 1982 年版。

27. 〔英〕柴爾德：《遠古文化史》，周進楷譯，上海：上海文藝出版社 1990 年版。

28. 崔鳳祥、崔星：《原始體育形態岩畫》，北京：人民體育出版社 2010 年版。

29. 陳望衡：《中國史前岩畫審美解讀》，《湖北美術學院學報》2013 年第 04 期。

30. 崔谷平：《巴康岩畫與生殖崇拜》，《新美術》1998 年第 02 期。

31. 陳兆復：《符號岩畫引論》，《三峽論壇（三峽文學・理論版）》2010 年第 02 期。

32. 曹意強等：《藝術史的視野：圖像研究的理論、方法與意義》，杭州：中國美術學院出版社 2007 年版。

33. Chris Mansell. *Ancient British Rock Art: A Guide to Indigenous Stone Carvings.* wooden books Ltd, 2007.

D

1. 杜少虎：《拙筆妙彩：洛陽漢墓壁畫研究》，鄭州：河南美術出版社 2004 年版。

2. 鄧福星：《藝術前的藝術——史前藝術研究》，濟南：山東文藝出版社 1986 年版。

3. 鄧惠伯：《中國繪畫橫向關係史：絲綢之路與東方繪畫》，北京：商務印書館 2018 年版。

4. 鄧啟耀：《宗教美術意象》，昆明：雲南人民出版社 1991 年版。

5. 鄧以蟄：《鄧以蟄全集》，合肥：安徽教育出版社 1998 年版。

6. 段煉：《山水有道——皮爾斯符號學的意指秩序與中國山水畫編碼系統的視覺秩序》，《文藝研究》2016 年 3 月。

7. 鄧福星：《繪畫的抽象性》，《中國社會科學》1983 年第 05 期。

8. 鄧益民：《略論元代文人畫的形似與筆墨表現》，《美術觀察》2006 年第 08 期。

9. （清）笪重光著，關和璋譯解，薛永年校訂：《畫筌》，北京：人民美術出版社 2016 年版。

10. （清）道濟著，俞劍華標點注釋：《石濤畫語錄》，北京：人民美術出版社 2016 年版。

11. （明）董其昌著，周遠斌點校：《畫禪室隨筆》，濟南：山東畫報出版社 2007 年版。

12. 〔美〕大衛·G·威爾金斯，〔美〕伯納德·舒爾茨，〔美〕凱瑟琳·M·林嘉琳：《史前和古代藝術》〔M〕，重慶：重慶出版社 2016 年版。

13. 〔蘇〕Д·E·海通：《圖騰崇拜》，何星亮譯，上海：上海文藝出版社 1993 年版。

14. 段緒懿、黎成田：《四川琪縣麻塘壩岩畫的審美意蘊》，《藝術教育》2014 年第 02 期。

15. 丁立平：《從岩畫看少數民族審美意識的顯現》，《雲南民族大學學報（哲學社會科學版）》2006 年第 05 期。

16. 鄧啟耀：《雲南岩畫藝術》，昆明：晨光出版社 2004 年版。

17. 鄧紹秋：《藝術化生存：原始意象與頓悟自性》，《求索》2004 年第 07 期。

18. 丁山：《中國古代宗教與神話考》，上海：龍門聯合書局 1961 年版。

19.〔美〕大衛·G·威爾金斯（David G. Wilkins）等：《培生藝術史：史前和古代藝術》，陸豪譯，重慶：重慶大學出版社 2018 年版。

E

1. 鄂·蘇日臺：《狩獵民族原始藝術》，海拉爾：內蒙古文化出版社 1992 年版。

2.〔德〕恩斯特·卡西爾著：《神話思維》，黃龍保、周振選譯，柯禮文校，北京：中國社會科學出版社 1992 年版。

3.〔英〕E·H·貢布里希：《秩序感——裝飾藝術的心理學研究》，范景中、楊思梁、徐一維譯，長沙：湖南科學技術出版社 1999 年版。

4.〔英〕E·H·貢布里希：《藝術與錯覺——圖畫再現的心理學研究》，林夕、李本正、范景中譯，長沙：湖南科學技術出版社 2000 年版。

5.〔英〕E·H·貢布里希：《圖像與眼睛——圖畫再現心理學的再研究》，范景中、楊思梁、徐一維、勞誠烈譯，杭州：浙江攝影出版社 1989 年版。

6.〔法〕E·杜爾幹：《宗教生活的初級形式》，林宗錦、彭守義譯，北京：中央民族大學出版社 1999 年版。

7. E·G·德夫列特、郭孟秀：《透視風格的神人一體岩畫及其神話主題》，《北方文物》2001 年第 03 期。

8.〔英〕E·H·貢布里希：《象徵的圖像——貢布里希圖像學文集》，楊思梁、范景中譯，南寧：廣西美術出版社 2015 年版。

F

1. 費泳：《藝術中國》（繪畫卷），南京：南京大學出版社 2010 年版。

2. 馮曉林：《論畫精神——傳統繪畫批評的基本範疇研究》，北京：中央編譯出版社 2016 年版。

3. 范景中、嚴善：《藝術及其歷史》，北京：商務印書館 2008 年版。

4. 馮民生：《意象與視像——中國山水畫與西方風景畫空間表現比較研究》，北京：中國社會科學出版社 2015 年版。

5. 傅道彬：《中國生殖崇拜文化論》，武漢：湖北人民出版社 1990 年版。

6. Francke. A. H. *Some more rock-carvings from Lower Ladakh.* The Indian Antiquary, sept.1903, pp.361~362.

7. Francke. A. H. *note rock carvings from lower ladakh.* The Indian Antiquary, Oct.1902, pp.398~401.

8. 范榮男、范永龍：《大漠遺珍——巴丹吉林岩畫精粹》，北京：文物出版社 2014 年。

9. 傅淞巍：《鐵嶺大石頭上的圓坑被認定為原始「凹穴岩畫」》，遼寧日報 2018 年 1 月 24 日第 012 版。

10. 馮培霞：《「賓主」理念的藝術審美發生論》，《河南大學學報（社會科學版）》2009 年第 02 期。

11.〔英〕弗朗西斯·哈斯克爾：《歷史及其圖像：藝術及對往昔的闡釋》，孔令偉譯，楊思梁、曹意強校，北京：商務印書館 2018 年版。

12.〔奧〕弗洛伊德：《精神分析引論》，高覺敷譯，北京：商務印書館 1986 年版。

13.（唐）房玄齡注，（明）劉績補注：《管子》，上海：上海古籍出版社 2015 年版。

14.〔美〕弗蘭茲·博厄斯：《原始人的心智》，項龍、王星譯，北京：國際文化出版公司 1989 年版。

15. 馮軍勝：《中國岩畫神靈母題意象之研究》，《內蒙古大學藝術學院學報》2004 年第 02 期。

16.〔美〕弗朗茲·博厄斯：《原始藝術》，金輝譯，劉乃元校，上海：上海文藝出版社 1989 年版。

17. 馮軍勝：《陰山岩畫的意象性構成》，《內蒙古社會科學（漢文版）》2000 年第 05 期。

18. 范美霞：《繪畫中的隱喻——中國古代繪畫中的隱喻現象研究》，北京：民族出版社 2015 年版。

19. 〔奧〕弗洛伊德:《夢的解析》,趙辰譯,北京:西苑出版社 2004 年版。

20. 馮軍勝:《中國岩畫造型的線條藝術》《內蒙古社會科學(漢文版)》,2002 年第 06 期。

21. 馮軍勝:《中國岩畫造型的面的表現藝術》,《內蒙古社會科學(漢文版)》2003 年第 03 期。

22. 傅抱石:《傅抱石美術文集》,上海:上海古籍出版社 2003 年版。

23. 方韜譯注:《山海經》,北京:中華書局 2009 年版。

G

1. 蓋山林:《中國岩畫學》,北京:書目文獻出版社 1995 年版。

2. 蓋山林:《中國岩畫》,廣州:廣東旅遊出版社 2004 年版。

3. 蓋山林:《陰山岩畫》,北京:文物出版社 1986 年版。

4. 高福進:《太陽崇拜與太陽神話》,上海:上海人民出版社 2002 年版。

5. 蓋山林:《蓋山林文集》,哈爾濱:黑龍江教育出版社 1995 年版。

6. 葛兆光:《禪宗與中國文化》,上海:上海人民出版社 1986 年版。

7. 高陽:《水墨畫風格與拙樸論》,《文藝爭鳴》2011 年第 04 期。

8. 蓋山林:《絲綢之路草原民族文化》,烏魯木齊:新疆人民出版社 1996 年版。

9. 蓋山林、蓋志浩:《絲綢之路岩畫研究》,烏魯木齊:新疆人民出版社 2009 年版。

10. 蓋山林、蓋志浩:《中國岩畫圖案》,上海:生活·讀書·新知上海三聯書店 1997 年版。

11. 蓋山林:《岩石上的歷史圖卷──中國岩畫》,北京:商務印書館 1997 年版。

12. 冀田夫、張亞莎:《原始藝術》,北京:中央民族大學出版社 2006 年版。

13. 蓋山林、蓋志浩:《內蒙古岩畫的文化解讀》,北京:北京圖書館出版社 2002 年版。

14. 高業榮:《萬山岩雕──臺灣首次發現摩崖藝術之研究》,屏東:臺灣東益出版社 1991 年版。

15. 蓋山林:《從圖畫記事談陰山岩畫》,《黑龍江文物叢刊》1984 年第 02 期。

16. 蓋山林：《陰山史前狩獵岩畫研究》，《內蒙古師大學報（自然科學）》1984 年第 01 期。

17. 蓋山林：《再談賀蘭山、陰山地帶人面形岩畫的年代和性質》，《學習與探索》1983 年第 05 期。

18. 蓋山林：《太陽神岩畫與太陽神崇拜》，《天津師大學報》1988 年第 03 期。

19. 〔英〕戈登·柴爾德：《人類創造了自身》，安家瑗、余敬東譯，上海：上海三聯書店 2008 年版。

20. 〔英〕貢布里希：《藝術的故事》，范景中譯，林夕校，北京：生活·讀書·新知三聯書店 1999 年版。

21. 〔美〕高居翰：《山外山：晚明繪畫（1570～1644）》，上海：上海書畫出版社 2003 年版。

22. （宋）郭若虛著，黃苗子點校：《圖畫見聞志》，北京：人民美術出版社 2016 年版。

23. （宋）郭熙、（宋）郭思著，周遠斌點校纂注：《林泉高致》，濟南：山東畫報出版社 2010 年版。

24. Günter Berghaus. *New Perspectives on Prehistoric Art*, Westport, CT: Praeger, 2004.

25. 〔德〕Georg Friedrich Hegel：《歷史哲學》，王造時、謝詒微譯，北京：商務印書館 1936 年版。

26. 〔德〕格羅塞：《藝術的起源》，蔡慕暉譯，北京：商務印書館 1984 年版。

27. 《國外藏學研究譯文集》編委成員：《國外藏學研究譯文集》（第三輯），謝繼勝譯，拉薩：西藏人民出版社 1987 年版。

28. 高偉：《將軍崖岩畫與女陰崇拜》，《東南文化》1998 年第 04 期。

29. 龔田夫、張亞莎：《中國人面像岩畫文化淺談》，《中央民族大學學報（哲學社會科學版）》2006 年第 03 期。

30. 蓋山林：《陰山骷髏岩畫·頭骨崇拜·祖先崇拜》，《北方文物》1987 年第 04 期。

31. 蓋山林：《北方草原岩畫與原始思維》，《文藝理論研究》1992 年第 03 期。

32. Gérard Genette. *Narrative Discourse: An Essay in Method*. Trans. Jane E. Lewin, Ithaca: Cornell University Press, 1980.

33. 蓋山林：《世界岩畫的文化闡釋》，北京：北京圖書館出版社 2001 年版。

34. George Rowley. *Principles Of Chinese Painting*, princeton. new jersey: Princeton University press, 1974.

35. 蓋山林：《絲綢之路草原民族文化》，烏魯木齊：新疆人民出版社 1996 年版。

H

1. 何星亮：《圖騰與中國文化》，南京：江蘇人民出版社 2008 年版。

2. 賀吉德：《賀蘭山岩畫研究》，丁玉芳整理，銀川：寧夏人民出版社 2012 年版。

3. 戶曉輝：《中國人審美心理的發生學研究》，北京：中國社會科學出版社 2003 年版。

4. 黃壽祺、張善文：《周易譯注》，上海：上海古籍出版社 2012 年版。

5. 黃賓虹、鄧實：《美術叢書》，杭州：浙江人民美術出版社 2013 年版。

6. 戶曉輝：《地母之歌：中國彩陶與岩畫的生死母題》，上海：上海文藝出版社 2001 年版。

7. 胡紹宗：《中國早期製像藝術》，北京：人民美術出版社 2011 年版。

8. 黃懿陸：《中國岩畫史論》，昆明：雲南大學出版社 2015 年版。

9. 韓叢耀主編，陳兆復、邢璉著：《中華圖像文化史》（岩畫卷·上下），北京：中國攝影出版社 2019 年版。

10. 戶曉輝：《岩畫與生殖巫術》，烏魯木齊：新疆美術攝影出版社 1993 年版。

11. 黃成助：《寧明州志》，臺北：成文出版社有限公司 1970 年版。

12. 韓瑋：《線描藝術概論》，濟南：山東大學出版社 1999 年版。

13. 黃仲琴：《汰溪古文》，《嶺南學報》1935 年第 02 期。

14. 戶曉輝：《岩畫生殖圖像的深層研究》，《喀什師範學院學報》1995 年第 01 期。

15. Hans-Georg Bandi, Henri Breuil, Henri. Lhote, Erik Holm, Lilo Berger Kirchner. *The Art of The Stone Age: Forty Thouand Years of Rock Art.* New York: Crown Publishers. Inc., 1961.

16. （宋）黃休復：《益州名畫錄》，成都：四川人民出版社 1982 年版。

17. （漢）河上公注、嚴遵指歸、（三國）王弼注，劉思禾校點：《老子》，上海：上海古籍出版社 2013 年版。

18. 〔英〕Harry cuter：《性崇拜》，方智弘譯，長沙：湖南文藝出版社 1988 年版。

19. （清）華琳：《南宗抉秘》，長沙：湖南美術出版社 1958 版。

20. 胡邦鑄：《崑崙山的岩畫》，《新疆藝術》1985 年第 02 期。

21. （清）方薰：《山靜居畫論》，上海：商務印書館 1936 年版。

22. （明）胡應麟撰：《詩藪》，北京：中華書局 1958 年版。

23. 〔美〕赫伯特·馬爾庫塞：《審美之維》，桂林：廣西師範大學出版社 2001 年版。

24. 〔德〕黑格爾：《美學》，朱光潛譯，北京：商務印書館 1979 年版。

25. 〔瑞士〕海因里希·沃爾夫林：《藝術風格學》，潘耀昌譯，北京：中國人民大學出版社 2004 年版。

26. 〔英〕哈夫洛克·靄理士：《性心理學》，李光榮譯，重慶：重慶出版社 2006 年版。

27. 黃賓虹：《黃賓虹文集》（書信篇）〔M〕，上海：上海書畫出版社 1999 年版。

28. （明）何景明撰，李叔毅等點校：《何大復集》，鄭州：中州古籍出版社 1989 年版。

29. 韓積罡：《肅北岩畫》，蘭州：甘肅人民美術出版社 2015 年版。

30. 黃亞琪：《廣西左江蹲踞式人形岩畫研究》，北京：科學出版社 2018 年版。

31. 胡懿勳：《岩畫體現的原始人類的自覺意識——藝術起源的再思考》，《大連大學學報》2005 年第 05 期。

32. 黃惠昆：《論原始藝術的功利美》，《思想戰線》1980 年第 02 期。

33. 韓叢耀主編：陳兆復、邢璉著：《中華圖像文化史》（原始卷），北京：中國攝影出版社 2016 年版。

34. 黃懿陸：《大王岩畫的易學闡釋——文山岩畫的宗教內涵剖析之一》，《文山師範高等專科學校學報》2007 年第 02 期。

J

1. 劍武、李梅:《張仃畫論》,鄭州:河南人民出版社 1999 年版。

2. 金丹元:《比較文化和藝術哲學》,昆明:雲南教育出版社 1989 年版。

3. 蔣孔陽:《蔣孔陽全集》,上海:上海人民出版社 2014 年版。

4. 姜今:《畫境:中國畫構圖研究》,長沙:湖南美術出版社 1982 版。

5. 靳之林:《生命之樹與中國民間民俗藝術》,桂林:廣西師範大學出版社 2002 年版。

6. J. D. Lewis-Williams, T. A. Dowson, Paul G. Bahn, H.-G. Bandi, Robert G. Bednarik, John Clegg, Mario Consens, Whitney Davis, Brigitte Delluc, Gilles Delluc, Paul Faulstich, John Halverson, Robert Layton, Colin Martindale, Vil Mirimanov, Christy G. Turner II, Joan M. Vastokas, Michael Winkelman and Alison Wylie. *The signs of all times: entoptic phenomena in upper paleolithic art.* Current Anthropology, Vol 29 (2), Apr, 1988. pp.201~245.

7. John Halverson, Levon H. Abrahamian, Kathleen M. Adams, Paul G. Bahn, Lydia T. Black, Whitney Davis, Robin Frost, Robert Layton, David Lewis-Williams, Ana MariaLlamazares, Patrick Maynard and David Stenhouse. *Art for Art's Sake in the Paleolithic.* Current Anthropology, Vol.28, No.1 (Feb, 1987), pp.63~89.

8. (清)紀昀著,汪賢度校點:《閱微草堂筆記》,上海:上海古籍出版社 2017 年版。

9. 〔美〕簡·布洛克:《原始藝術哲學》,沈波、張安平譯,朱立元校,上海:上海人民出版社 1991 年版。

10. James Burr, Harrison Macrae. *Pecos River Style Rock Art: A Prehistoric Iconography.* Texas: Texas A&M University Press, 2018.

11. June Ross, Iain Davidson. *Rock Art and Ritual: An Archaeological Analysis of Rock Art in Arid Central Australia.* Journal of Archaeological Method and Theory. December 2006, Vol.13, Issue 4, pp.304~340.

12. Jonathon Reynolds. *Living Rock Art.* Archaeology, Vol.60, No.4 (July/August 2007), pp.55~60.

13. (五代)荊浩撰,王伯敏注譯,鄧以蟄校閱:《筆法記》,北京:人民美術

出版社 1963 年版。

14. 〔蘇〕扎瓦茨卡婭：《外國學者論中國畫》，高名潞等譯，長沙：湖南美術出版社 1986 年版。

15. 〔英〕J·G·弗雷澤：《金枝：巫術與宗教之研究》，汪培基、徐育新、張澤石譯，汪培基校，北京：商務印書館 2013 年版。

16. 〔德〕Julius E·利普斯：《事物的起源》，汪寧生譯，成都：四川民族出版社 2000 年版。

17. 〔美〕詹姆斯·埃爾金斯：《西方藝術中的中國山水畫》，李伊晴譯，上海：上海書畫出版社 2019 年版。

18. 〔澳〕加里·特朗普：《宗教起源探索》，孫善玲、代強譯，成都：四川人民出版社 1995 年版。

19. 嘉峪關市文物清理小組：《甘肅地區古代游牧民族的岩畫——黑山石刻畫像初步調查》，《文物》1972 年第 12 期。

20. （清）紀昀著，韓希明譯注：《閱微草堂筆記》（卷十三·槐西雜志三），北京：中華書局 2014 年版。

21. 〔加〕吉納維芙·馮·佩金格爾：《符號偵探：解密人類最古老的象徵符號》，朱寧雁譯，北京：北京聯合出版公司 2019 年版。

22. Jo McDonald, Peter Veth. *A Companion to Rock Art.* Wiley-Blackwell, 2012.

23. J. D. Lewis-Williams and T.A.Dowson. *The Sign of All Times: Entoptic Phenomena in Upper Palaeolithic Art.* Current Anthropology, vol.29. 1988, pp.201~245.

K

1. 〔瑞士〕卡爾·古斯塔夫·榮格：《榮格文集：原型與集體無意識》，徐德林譯，北京：國際文化出版公司 2011 年版。

2. 〔俄〕康定斯基：《康定斯基論點線面》，羅世平、魏大海、辛麗譯，北京：中國人民大學出版社 2003 年版。

3. 〔英〕克萊夫·貝爾：《藝術》，薛華譯：南京：江蘇教育出版社 2004 年版。

4. 〔英〕卡納：《人類的性崇拜》，方智弘譯，海口：海南人民出版社 1988 年版。

5. （春秋）孔子，左丘明：《春秋左傳》，哈爾濱：北方文藝出版社 2013 年版。

6. 〔美〕克萊門特・格林伯格:《藝術與文化》,沈語冰譯,桂林:廣西師範大學出版社 2009 年版。

7. 〔法〕克洛德・列維-斯特勞斯:《神話學》(四卷本),周昌忠譯,北京:中國人民大學出版社 2007 年版。

8. 〔俄〕卡西米爾・塞文洛維奇・馬列維奇:《非具象世界》,張含譯,北京:中國建築工業出版社 2015 年版。

L

1. 劉達臨:《雲雨陰陽:中國性文化象徵》,成都:四川人民出版社 2005 年版。

2. 蘭鴻恩:《廣西民間文學散亂》,南寧:廣西人民出版社 1981 年版。

3. 李影:《孟子通解》,長春:吉林大學出版社 2014 年版。

4. 李可染:《李可染論藝術》,北京:人民美術出版社 2000 年版。

5. 李民、王健:《尚書譯注》,上海:上海古籍出版社 2012 年版。

6. 栗原小荻,阿庫烏霧等文:《南永前圖騰詩賞析》,長春:時代文藝出版社 2004 年版。

7. 李淞:《遠古至先秦繪畫史》,北京:人民美術出版社 2000 年版。

8. 劉五一:《中原岩畫》,鄭州:中州古籍出版社 2012 年版。

9. 林崗:《符號・心理・文學》,廣州:花城出版社出版 1986 年版。

10. 梁振華:《桌子山岩畫》,北京:文物出版社 1998 年版。

11. 陸群:《湘西原始宗教藝術研究》,北京:民族出版社 2011 年版。

12. 劉長宗:《91 國際岩畫委員會年會暨寧夏國際岩畫研討會論文集》,銀川:寧夏人民出版社 2000 年版。

13. 魯西:《藝術意象論》,南寧:廣西教育出版社 1995 年版。

14. 李祥石:《發現岩畫》,銀川:寧夏人民出版社 2005 年版。

15. 李淼、劉方:《世界岩畫資料集》,北京:中國工人出版社 1992 年版。

16. 羅堅:《先秦審美意識發展史》,桂林:廣西師範大學出版社 2003 年版。

17. 李澤厚:《美的歷程》,北京:生活・讀書・新知三聯書店 2009 年版。

18. 李祥石:《解讀岩畫》,銀川:寧夏人民出版社 2012 年版。

19. 劉錫誠:《中國原始藝術》,上海:上海文藝出版社 1998 年版。

20. 劉保安：《論愛默生詩歌中的自然意象》，《通化師範學院學報（人文社會科學）》2017 年第 06 期。

21. 李建樹：《淺析西方繪畫藝術的「敘事性」》，《大眾文藝》2017 年第 19 期。

22. 李彥鋒：《中國傳統繪畫圖像敘事的頃間》，《南京藝術學院學報（美術與設計）》2009 年第 04 期。

23. 劉繼潮：《再讀荊浩——《筆法記》中「似與「真」的比較研究》，《文藝研究》2017 年第 06 期。

24. 李瑋奇、朱珊、吳晗：《中國繪畫圖示中的以小觀大與以大觀小》，《藝術評鑒》2018 年第 16 期。

25. 林慧祥：《星辰、五行、動物崇拜與命數》，《活頁文史叢刊》第 64 期。

26. 李福順：《中國岩畫創作中的審美追求》，《文藝研究》1991 年第 03 期。

27. 李福順：《岩畫形象造型程式化淺談》，《廣西民族研究》1988 年第 01 期。

28. 李剛、顧玉順：《對鞍山地區及國內同類型凹穴岩畫的幾點認識》，《遼寧省博物館館刊》2012 年第 00 期。

29. 羅時進：《作為清代文學批評形式的「歲末祭詩」》，《文藝研究》2017 年第 08 期。

30. 黎子耀：《〈易經〉與〈詩經〉的關係》，《文史哲》1987 年第 02 期。

31. 李硯祖：《紋樣新探》，《文藝研究》1992 年第 06 期。

32. 李偉、張春雨主編，西北第二民族學院編纂：《賀蘭山岩畫》，上海：上海古籍出版社 2007 年版。

33. 劉青硯、劉宏：《阿爾泰岩畫藝術》，濟南：山東美術出版社 1998 年版。

34. 李昆聲、黃懿陸：《中國盤古文化暨大王岩畫研究》，昆明：雲南人民出版社 2016 年版。

35. （宋）李昉等著：《太平御覽》，北京：中華書局 1960 年版。

36. （北魏）酈道元：《水經注校證》，陳橋驛校證，北京：中華書局 2013 年版。

37. （明）李時珍：《本草綱目》，北京：人民衛生出版社 1957 年版。

38. （明）李日華著，潘欣信校注：《竹嬾畫賸》，杭州：西泠印社出版社 2008 年版。

39. 劉兆偉譯注：《論語》，北京：人民教育出版社 2015 年版。

40. （唐）令狐德棻：《新校周書》，臺北：世界書局 1974 年版。

41. 〔意〕里奧奈羅·文杜里：《西方藝術批評史》，遲軻譯，南京：江蘇教育出版社 2005 年版。

42. 〔法〕列維-布留爾：《原始思維》，丁由譯，北京：商務印書館 1981 年版。

43. 〔美〕拉爾夫·邁耶：《美術術語與技法辭典》，邵宏譯，廣州：嶺南美術出版社 1992 年版。

44. 〔英〕理查德·利基：《人類的起源》，吳汝康、吳新智、林聖龍譯，上海：上海科學技術出版社 1995 年版。

45. 〔美〕魯道夫·阿恩海姆：《藝術與視知覺》，滕守堯、朱疆源譯，成都：四川人民出版社 1998 年版。

46. 〔法〕列維-斯特勞斯：《野性的思維》，李幼蒸譯，北京：商務印書館 1987 年版。

47. 〔美〕琳·馬古利斯，多雷昂·薩甘：《神秘的舞蹈——人類性行為的演化》，潘勳譯，北京：中國社會科學出版社 1999 年版。

48. 〔德〕萊辛：《拉奧孔》，朱光潛譯，合肥：安徽教育出版社 2006 年版。

49. （清）阮元校刻：《十三經注疏》，北京：中華書局 1980 年版。

50. （西晉）陸機撰，張少康集釋：《文賦集釋》，北京：人民文學出版社 2002 年版。

51. 〔德〕路德維希·費爾巴哈：《費爾巴哈哲學著作選集》（下卷），北京：商務印書館 1984 年版。

52. 李福順：《試談中國岩畫中的太陽神崇拜》，《民間文化論壇》1994 年第 01 期。

53. （宋）李石：《續博物志》，北京：中華書局 1985 年版。

54. 李仰松：《內蒙古與寧夏岩畫生殖巫術析》，《寧夏社會科學》1992 年第 02 期。

55. 李福順：《岩畫形象造型程式化概說》，《美術》1991 年第 12 期。

56. 柳輝：《靈武岩畫》，銀川：寧夏人民出版社 2018 年版。

57. 梁振華：《桌子山岩畫》，北京：文物出版社 1998 年版。

58. 李祥石:《世界岩畫欣賞》,銀川:寧夏人民出版社 2017 年版。

59. 林聖智:《圖像與裝飾:北朝墓葬的生死表象》,臺北:臺灣大學出版中心 2019 年版。

60. 〔英〕羅伯特·萊頓、關禕:《岩畫、身份認同與原住民性》,《貴州大學學報》(藝術版) 2019 年第 06 期。

61. 李淼、劉方:《世界岩畫資料圖集》,北京:中國工人出版社 1992 年版。

62. 李波:《淺談中國畫的線》,《高等學校藝術教育研究》2003 年 6 月。

63. 〔美〕路易斯·亨利·摩爾根:《古代社會》,楊東蓴、馬雍、馬巨譯,南京:江蘇教育出版社 2005 年版。

64. 劉錫誠:《原始藝術與民間文化》,中國民間文藝出版社 1988 年版。

65. 〔法〕利昂內爾·伊納爾:《巫術植物》,張之簡譯,北京:生活·讀書·新知三聯書店 2019 年版。

66. 龍進:《陰山岩畫中的動物》,《化石》1987 年第 02 期。

67. (明) 陸時雍:《詩鏡》,保定:河北大學出版社 2010 年版。

68. 李山:《西周禮樂文明的精神建構》,石家莊:河北教育出版社 2014 年版。

M

1. 牟宗三等:《中國文化論文集》,臺北:幼獅文化事業公司 1980 年版。

2. 木青:《中國古代岩畫藝術美》,烏魯木齊:新疆美術攝影出版社 2015 年版。

3. (南朝梁) 劉勰著,王運熙、周鋒撰:《文心雕龍譯注》,上海:上海古籍出版社 1998 年版。

4. 〔美〕馬麗加·金芭塔絲:《女神的語言:西方文明早期象徵符號解讀》,蘇永前、吳亞娟譯,祖曉偉校,北京:社會科學文獻出版社 2016 年版。

5. 〔德〕米夏埃爾·蘭德曼:《哲學人類學》,張樂天譯,上海:上海譯文出版社 1988 年版。

6. 馬慶洲注釋:《淮南子今注》,南京:鳳凰出版社 2013 年版。

7. (戰國) 孟子著,牧語譯注:《孟子》,南昌:江西人民出版社 2017 年版。

8. 〔法〕米·杜夫海納:《審美經驗現象學》,韓樹站譯,陳榮生校,北京:

文化藝術出版社 1996 年版。

9. 〔德〕莫里茨·蓋格爾:《藝術的意味》,艾彥譯,南京:譯林出版社 2012 年版。

10. Aubert, M., Lebe, R., Oktaviana, A. A. et al. *Earliest hunting scene in prehistoric art.* Nature, 576. (2019), pp.442~445.

11. 〔美〕邁耶·夏皮羅:《藝術的理論與哲學:風格、藝術家和社會》,沈語冰、王玉冬譯,南京:江蘇美術出版社 2016 年版。

12. 〔德〕米夏埃爾·蘭德曼:《哲學人類學》,張樂天譯,上海:上海譯文出版社 1988 年版。

13. 莽萍:《物我相融:早期中國人的信仰、生活和動物觀》,《中國文化》2008 年第 02 期。

N

1. 農冠品:《壯族神話集成》,南寧:廣西民族出版社 2007 年版。

2. 寧克平:《中國岩畫藝術圖式》,包青林繪圖,長沙:湖南美術出版社 1990 年版。

3. 寧夏岩畫研究中心:《岩畫研究 2007~2011》,銀川:寧夏人民出版社 2011 年版。

4. 寧夏岩畫研究中心:《岩畫研究》,銀川:寧夏人民出版社 2016 年版。

5. 牛克誠:《從寫實到抽象——藝術發生期的一個風格演進的基本走向》,《美術史論》1982 年第 01 期。

6. 寧世群:《西藏民間木雕藝術漫談》,《西藏藝術研究》1991 年第 03 期。

7. 牛克誠:《生殖巫術與生殖崇拜——陰山岩畫解讀》,《文藝研究》1991 年第 03 期。

8. 《寧明州志》,臺北:成文出版社有限公司 1970 年版。

9. 〔德〕尼采:《悲劇的誕生——尼采美學文選》,周國平譯,北京:三聯書店 1986 年版。

10. 尼瑪江才:《玉樹通天河流域凹穴岩畫的發現》,《西藏藝術研究》2016 年第 02 期。

11. 納·達楞古日布:《內蒙古岩畫藝術》,海拉爾:內蒙古文化出版社 2000 年版。

12. 〔美〕諾曼·布列遜:《視閾與繪畫:凝視的邏輯》,谷李譯,重慶:重慶大學出版社 2019 年版。

O

1. 〔美〕O·A·魏勒:《性崇拜》,史頻譯,北京:中國文聯出版公司 1988 年版。

2. (宋)歐陽修,司馬光撰,克冰評注:《六一詩話·溫公續詩話》,北京:中華書局 2014 年版。

3. 喬華、楊慧玲:《遠古的呼喚:寧夏岩畫研究歷程》,銀川:寧夏人民出版社 2009 年版。

4. Grabar Oleg. *the mediations of ornament.* princeton, new jersey: princeton university press, 1992.

P

1. 潘天壽:《潘天壽美術文集》,北京:人民美術出版社 1983 年版。

2. 潘天壽:《關於構圖問題》,杭州:浙江人民美術出版社 2015 年版。

3. 潘公凱:《潘天壽談藝錄》,杭州:浙江人民美術出版社 1997 年版。

4. 潘公凱:《潘天壽畫論》,鄭州:河南人民出版社 1999 年版。

5. 潘天壽:《聽天閣畫談隨筆》,上海:上海人民美術出版社 1980 年版。

Q

1. 齊濤、萬建中:《中國民俗通志》,濟南:山東教育出版社 2005 年版。

2. 喬念祖:《〈石濤畫語錄〉與現代繪畫藝術研究》,北京:人民美術出版社 2007 年版。

3. 錢鍾書著,舒展選編:《錢鍾書論學文選》,廣州:花城出版社 1990 年版。

4. 權東計、李海燕:《賀蘭口岩畫空間分布與歷史環境風貌研究》,《考古與文物》2006 年第 03 期。

5. 覃聖敏:《駱越畫魂:花山崖壁畫之謎》,南寧:廣西人民出版社 2009 年版。

6. 秦維廉(W. Mcacham):《香港古石刻——起源及意義》(Rock Carving in Hongkong-an illustrated and interpretive study),香港:香港基督教中國宗

教文化研究社 1976 年版。

7. 〔匈〕喬治・盧卡契：《審美特性》，徐恒醇譯，北京：中國社會科學出版社 1986 年版。

8.（清）秦祖永撰，黃亞卓校點：《桐陰論畫》，上海：上海古籍出版社 2015 年版。

9.（清）錢杜：《松壺畫憶》，北京：中華書局 1985 年版。

10.〔美〕喬治・彼得・穆達克：《我們當代的原始民族》，童恩正譯，成都：四川省民族民族研究所 1980 年版。

11. 邱鍾侖：《廣西左江岩畫人像的再探討》，《雲南民族學院學報（哲學社會科學版）》1996 年第 04 期。

12. 曲彤麗、陳宥成：《歐亞大陸視野下的史前早期雕塑》，《考古》2019 年第 10 期。

13. 喬虹：《青海高原動物岩畫初探》，《青海民族研究》2013 年第 03 期。

14. 漆平波：《原始意象中的陰陽交合──從〈易〉中看生殖崇拜》，《昭通師專學報（社會科學版）》1990 年第 03 期。

R

1.（清）阮元校刻：《十三經注疏》，北京：中華書局 1980 年版。

2. Robeart G. Bedbarik. *Rock Art Science-The Scientific Study Of Palaeoart.* New Delhi: Aryan Books International, 2007.

3.〔瑞士〕榮格：《心理學與文學》，馮川、蘇克譯，北京：生活・讀書・新知三聯書店 1987 年版。

4.〔瑞士〕榮格著，馮川編：《榮格文集》，馮川、蘇克譯，北京：改革出版社 1997 年版。

5.〔法〕熱爾曼・巴贊：《藝術史》，劉明毅譯，上海：上海人民美術出版社 1989 年版。

6.〔美〕R・D・沃爾克、H・L・小皮克：《知覺與經驗》，喻柏林等譯，北京：科學出版社 1986 年版。

S

1. 孫新周：《中國原始藝術符號的文化破譯》，北京：中央民族大學出版社

1998 年版。

2. 宋耀良:《中國史前神格人面岩畫》,上海:上海人民出版社 2015 年版。

3. 宋耀良:《中國岩畫考察》,上海:上海人民出版社 2015 年版。

4. 邵宏:《東西美術互釋考》,北京:商務印書館 2018 年版。

5. 宋恩常:《中國少數民族宗教》,昆明:雲南人民出版社 1985 年版。

6. 孫湘明、張道森、高健:《造型藝術美學》,長沙:中南大學出版社 2002 年版。

7.《山東省志·諸子名家志》編纂委員會:《鄭玄志》,濟南:山東人民出版社 2003 年版。

8. 孫新周:《神話岩畫文化研究論文集》,北京:中央民族大學出版社 2016 年版。

9. Sven Hedin. *Summary of the Results of Dr. Sven Hedin's Latest Journey in Central Asia (1899~1902).* The Geographical Journal, Vol.20, No.3 (Sep., 1902), pp.307~315.

10. Sven Hedin. *Three Years' Exploration in Central Asia. 1899~1902.* The Geographical Journal, Vol.21, No.3 (Mar., 1903), pp.221~257.

11.(唐)司空圖:《詩品二十四則》,北京:中華書局 1985 年版。

12. 蘇北海:《新疆岩畫》,烏魯木齊:新疆美術攝影出版社 1994 年版。

13. 宋兆麟、黎家芳、杜耀西:《中國原始社會史》,北京:文物出版社 1983 年版。

14.(清)沈宗騫著,李安源,劉秋蘭注釋:《芥舟學畫編》,濟南:山東畫報出版社 2013 年版。

15.(宋)蘇軾:《蘇東坡全集》,北京:北京燕山出版社 2009 年版。

16.(漢)司馬遷,(宋)裴駰集解,(唐)司馬貞索隱、(唐)張守節正義:《史記》,北京:中華書局 1959 年版。

17.〔美〕蘇珊·朗格:《情感與形式》,劉大基、傅志強、周發祥譯,北京:中國社會科學出版社 1986 年版。

18. 宋兆霖:《原始的生育信仰——兼論圖騰和石祖崇拜》,《史前研究》1983 年第 01 期。

19. 沈杏培:《童眸裏的世界:別有洞天的文學空間——論新時期兒童視角小

說的獨特價值》,《江蘇社會科學》2009 年第 01 期。

20. 〔美〕蘇珊·朗格:《藝術問題》,滕守堯、朱疆源譯,北京:中國社會科學出版社 1983 年版。

21. 〔法〕石泰安:《西藏的文明》,耿昇譯,北京:中國藏學出版社 2005 年版。

22.(南朝·梁)沈約:《宋書》,北京:中華書局 1974 年版。

23.(宋)沈括撰,金良年點校:《夢溪筆談》,北京:中華書局 2017 年版。

24.(清)松年著,關和璋注評:《頤園論畫》,呼和浩特:內蒙古人民出版社 1984 年版。

25.(宋)釋曉瑩:《雲臥紀談》,《新編卍續藏經·第 148 冊》,臺北:新文豐出版股份有限公司 1994 年版。

26.(清)石濤著,周遠斌點校纂注:《苦瓜和尚畫語錄》,濟南:山東畫報出版社 2007 年版。

27. 〔美〕薩莉·普利斯:《文明質地的原始藝術》,劉翔宇譯,李修建校,北京:中國文聯出版社 2018 年版。

28. 孫通海譯注:《莊子》,北京:中華書局 2007 年版。

T

1. 湯惠生、張文華:《青海岩畫:史前藝術中二元對立思維及其觀念研究》,北京:科學出版社 2001 年版。

2. 唐星明:《裝飾文化論綱》〔M〕,重慶:重慶大學出版社 2006 年版。

3. 田自秉、吳淑生、田青:《中國紋樣史》,北京:高等教育出版社 2003 年版。

4. 滕咸惠:《中國文藝思想史論稿》,濟南:山東大學出版社 1997 年版。

5. 湯惠生:《凹穴岩畫的分期與斷代——中國史前藝術研究之一》,《考古與文物》2004 年第 06 期。

6. 湯惠生:《塊、闕、凹穴以及蹄印岩畫》,《民族藝術》2011 年第 03 期。

7. 陶加祥:《論當代繪畫的敘事特徵》,《陝西教育(高教版)》2013 年第 Z2 期。

8. 湯惠生、梅亞文:《將軍崖史前岩畫遺址的斷代及相關問題的討論》,《東南文化》2008 年第 02 期。

9. 〔英〕特雷‧伊格爾頓:《二十世紀西方文學理論》,伍曉明譯,西安:陝西師範大學出版社 1987 年版。

10. 〔美〕唐娜‧L‧吉萊特、麥維斯‧格里爾、米歇爾‧H‧海沃德、〔墨〕威廉‧布林‧默里:《岩畫與神聖景觀》,王永軍等譯,銀川:寧夏人民出版社 2017 年版。

11. Thomas Heyd. *Rock Art Aesthetics: Trace on Rock, Mark of Spirit, Window on Land.* The Journal of Aesthetics and Art Criticism, Vol.57, No.4 (Autumn, 1999), pp.451~458.

12. Tanghuisheng and Gao zhiwei. *Dating analysis of rock art in Qinghai-Tibetan Plateau.* Rock ART Research, November 2004, Vol.21 Issue 2, pp.161.

13. (清)唐岱著,周元斌注釋:《繪事發微》,濟南:山東畫報出版社 2012 年版。

14. (明)唐志契:《繪事微言》,北京:人民美術出版社 2003 年版。

15. 譚家健、孫中原注譯:《墨子今注今譯》,北京:商務印書館 2009 年版。

16. Thomas Heyd. Rock Art Aesthetics and Cultural Appropriation, The Journal of Aesthetics and Art Criticism, Vol.61, No.1 (Winter, 2003), pp.37~46.

17. Thomas Heyd, John clegg. *The Power of Art: Aesthetics and Rock Art.* Cambridge Archaeological Journal, Vol.16, No.2, 2006. pp.261~262.

W

1. 王炳華:《原始思維化石──呼圖壁生殖崇拜岩刻》,北京:商務印書館 2014 年版。

2. 王繼英:《民間信仰文化探蹤跡》,北京:民族出版社 2007 年版。

3. 文焱:《西域岩畫圖案全集》,烏魯木齊:新疆美術攝影出版社 2014 年版。

4. 王小盾:《原始信仰和中國古神》,上海:上海古籍出版社 1989 年版。

5. 王原祁:《佩文齋書畫譜》,孫霞整理,北京:文物出版社 2013 年版。

6. 王朝聞:《中國美術史》(原始卷),濟南,齊魯書社 2000 年版。

7. 吳振標:《中國古代名篇分類精賞》,上海:文匯出版社 2000 年版。

8. 王菊生:《造型藝術原理》,哈爾濱:黑龍江美術出版社 2000 年版。

9. 汪寧生:《雲南滄源崖畫的發現與研究》,北京:文物出版社 1985 年版。

10. 汪裕雄：《意象探源》，北京：人民出版社 2013 年版。

11. 伍蠡甫：《伍蠡甫藝術美學文集》，上海：復旦大學出版社 1986 年版。

12. 魏澤松：《建築空間與人體表現》，天津：百花文藝出版社、天津出版傳媒集團 2014 年版。

13. 王克榮、邱鍾侖、陳遠璋：《廣西左江岩畫》，北京：文物出版社 1988 年版。

14. 王曉琨、張文靜：《岩石上的信仰——中國北方人面岩畫》，北京：社會科學文獻出版社 2018 年版。

15. 王伯敏：《黃賓虹畫語錄》，上海：上海人民美術出版社 1961 年版。

16. 文焱：《西域岩畫圖案全集》，烏魯木齊：新疆美術攝影出版社 2014 年版。

17. 王鍾陵：《中國前期文化——心理研究》，上海：上海古籍出版社 2006 年版。

18. 王邦秀：《2000 寧夏國際岩畫研討會文集》，銀川：寧夏人民出版社 2001 年版。

19. 王昆吾：《中國早期藝術與宗教》，上海：東方出版中心 1998 年版。

20. 王克榮、邱鍾侖、陳遠璋：《廣西左江岩畫》，北京：文物出版社 1988 年版。

21. 伍蠡甫：《中國畫論研究》，北京：北京大學出版社 1983 年版。

22. 王建：《原始審美文化的發展》，昆明：雲南教育出版社 2000 年版。

23.《聞一多全集》，武漢：湖北人民出版社 1993 年版。

24. 王繼英：《巫術與巫文化》，貴陽：貴州民族出版社 1993 年版。

25. 王荔：《良渚原始審美文化研究》，上海：同濟大學出版社 2008 年版。

26. 王懷義：《中國史前神話意象》，北京：生活·讀書·新知三聯書店 2018 年版。

27. 伍蠡甫著，林驤華編：《談藝錄：中國畫論研究 歐洲文論簡史》，上海：復旦大學出版社 2017 年版。

28. 汪裕雄：《審美意象學》，北京：人民出版社 2013 年版。

29. 王政：《腿腳：一個跨民族意義的生殖人類學符號》，《民族藝術》1998 年第 04 期。

30. 王卓斐:《人的物化與物的人化——人與虛擬世界的主體際關係芻議》,《黑龍江社會科學》2007 年第 01 期。

31. 王建英:《「以大觀小」審美觀念的嬗變與中國藝術理論的本體詮釋》,《藝術百家》2015 年第 S1 期。

32. 王洪金:《將軍崖大石星圖考》,《東南文化》1993 年第 05 期。

33.〔民主德國〕W·沃林格:《抽象與移情——對藝術風格的心理學研究》,王才勇譯,瀋陽:遼寧人民出版社 1987 年版。

34.〔美〕巫鴻:《中國古代藝術與建築中的「紀念碑性」》,李清泉、鄭岩等譯,上海:上海人民出版社 2009 年版。

35.〔美〕巫鴻:《黃泉下的美術:宏觀中國古代墓葬》,施傑譯,北京:生活·讀書·新知三聯書店 2010 年版。

36. 王振鏞:《略論華安仙字潭岩刻研究》,福建省考古博物院學會:《福建華安仙字潭摩崖石刻研究》,北京:中央民族學院出版社 1990 年版。

37. 王克榮等:《廣西左江岩畫》,北京:文物出版社 1988 年版。

38. 王系松、許成、李文傑、衛忠等:《賀蘭山岩畫》,銀川:寧夏人民出版社 1990 年版。

39.（清）汪繹辰輯:《大滌子題畫跋詩》,上海:上海人民美術出版社 1987 年版。

40.〔美〕韋勒克、〔美〕沃倫:《文學理論》,劉象愚等譯,南京:江蘇教育出版社 2005 年版。

41. 吳明:《藝術史方法下的電影與中國畫》,《文藝研究》2017 年第 08 期。

42.〔英〕威廉·荷加斯:《美的分析》,楊成寅譯,佟景韓校,桂林:廣西師範大學出版社 2002 年版。

43.〔俄〕瓦西里·康定斯基:《論藝術的精神》,查里譯,北京:中國社會科學出版社 1987 年版。

44.（清）王原祁著,張素琪校注:《雨窗漫筆》,杭州:西冷印社出版社 2008 年版。

45. 王秀梅譯注:《詩經》,北京:中華書局 2006 年版。

46.（明）王紱:《書畫傳習錄》,南京:鳳凰出版社 2011 年版。

47. 王明居:《王明居文集:文學風格論·國外旅遊尋美記》（第五卷）,北京:

文化藝術出版社 2012 年版。

48. 王明居：《文明居文集：唐詩風格美新探·唐代美學》（第三卷），北京：文化藝術出版社 2012 年版。

49. （宋）王象之著，李勇先校點：《輿地紀勝》，成都：四川大學出版社 2005 年版。

50. 王曉琨、張文靜：《陰山岩畫研究》，北京：中國社會科學出版社 2012 年版。

51. 王毓紅：《羊書：一種象形表意石頭文》，北京：商務印書館 2012 年版。

52. 王良范、羅曉明：《中國岩畫·貴州》，北京：中國國際廣播出版社 2010 年版。

53. 王亮：《中國原始岩畫的審美特徵》，《大眾文藝》2014 年第 04 期。

54. 王小平：《中國審美意識起源與中國的岩畫和文字》，《中華文化論壇》2014 年第 11 期。

55. 王毓紅：《岩畫本質的哲學反思》，《文化學刊》2013 年第 02 期。

56. 吳曉：《意象符號與情感空間》，北京：中國社會科學出版社 1990 年版。

57. 王曉琨：《錫林郭勒岩畫》，北京：社會科學文獻出版社 2019 年版。

58. 吳海進、潘博：《原始舞蹈意象心理分析》，《大舞臺》2010 年第 05 期。

59. 王列生：《文藝人類學》，北京：文化藝術出版社 2008 年版。

60. 烏丙安：《烏丙安民俗研究文集 中國民間信仰》，長春：長春出版社 2014 年版。

61. 烏丙安：《神秘的薩滿世界：中國原始文化根基》，上海：上海三聯書店 1989 年版。

62. 〔美〕W·J·T·米歇爾：《圖像理論》，陳永國、胡文徵譯，北京：北京大學出版社 2006 年版。

63. 〔美〕巫鴻：《重屏：中國繪畫中的媒材與再現》，文丹譯，上海：上海人民出版社 2009 年版。

64. 王仁湘：《凡世與神界：中國早期信仰的考古學觀察》，上海：上海古籍出版社 2018 年版。

65. 〔美〕巫鴻：《武梁祠：中國古代畫像藝術的思想性》，柳楊，岑河譯，北京：生活·讀書·新知三聯書店 2006 年版。

66. 〔美〕巫鴻：《時空中的美術：巫鴻中國美術史文編二集》，梅玫等譯，北京：生活·讀書·新知三聯書店 2009 年版。

67. 王大方：《草原文明的神奇畫卷——內蒙古岩畫》，《內蒙古社會科學（文史哲版）》1995 年第 05 期。

X

1. 向柏松：《圖說中華水文化崇拜》，北京：中國水利水電出版社 2015 年版。

2. 《新疆藝術》編輯部：《絲綢之路造型藝術》，烏魯木齊：新疆人民出版社 1985 年版。

3. 徐書城：《繪畫美學》，北京：人民出版社 1991 年版。

4. 夏之放：《文學意象論》，汕頭：汕頭大學出版社 1993 年版。

5. 許建平：《意圖敘事論——以明清小說為分析中心》，北京：人民出版社 2014 年版。

6. 徐炳：《軒轅黃帝研究》，北京：社會科學文獻出版社 2015 年版。

7. 夏徵農、陳至立等：《辭海》〔Z〕.上海：上海辭書出版社 2009 年版。

8. 夏金鳳：《陶瓷雕塑藝術風格研究》，長春：吉林美術出版社 2018 年版。

9. 《西方美術名著選譯》，宗白華譯，合肥：安徽教育出版社 2000 年版。

10. 熊真：《中國岩畫的審美特徵與原始思維》〔D〕，武漢：華中師範大學碩士畢業論文 2008 年 5 月。

11. 肖波：《左江岩畫中所見壯族先民之生死觀》，《民族藝術》2016 年第 6 期。

12. 許建平：《明清小說意象敘事層次分析》，《社會科學家》2015 年第 03 期。

13. 徐自強：《石刻論著彙編》，北京：北京圖書館出版社 1997 年版。

14. 蕭兵、葉舒憲：《老子的文化解讀》，武漢：湖北人民出版社 1994 年版。

15. （南朝）謝赫，姚最撰，王伯敏標點注釋：《古畫品錄·續畫品錄》，北京：人民美術出版社 1959 年版。

16. 邢璉：《岩畫中的具象與抽象》，《三峽論壇》2010 年第 05 期。

17. （漢）許慎：《說文解字》，北京：中華書局 1963 年版。

18. 薛正昌：《賀蘭山岩畫文化》，《寧夏社會科學》2004 年第 02 期。

19. 謝崇安：《中國史前藝術》，海口：三環出版社 1990 年版。

20. 西藏自治區文物管理委員會編：《西藏岩畫藝術》，成都：四川人民出版社 1994 年版。

Y

1. 雲南省社會科學院宗教研究所：《宗教論稿》，昆明：雲南人民出版社 1986 年版。

2. 楊身源、張弘昕：《西方畫論輯要》，南京：江蘇美術出版社 1990 年版。

3. 俞劍華：《中國古代畫論精讀》，北京：人民美術出版社 2011 年版。

4. 楊樸、楊暘：《二人轉探源》，長春：吉林文史出版社 2013 年版。

5. 於民：《春秋前審美觀念的發展》，北京：中華書局 1984 年版。

6. 楊學政、袁躍萍：《雲南原始宗教》，北京：宗教文化出版社 2004 年版。

7. 葉舒憲：《中國神話哲學》，北京：中國社會科學出版社 1992 年版。

8. 殷國明：《藝術形式不僅僅是形式》，杭州：浙江文藝出版社 1988 年版。

9. 楊伯峻：《春秋左傳注》，北京：中華書局 1981 年版。

10. 殷曉蕾：《中國原始岩畫中的生命精神》，合肥：安徽教育出版社 2014 年版。

11. 楊伯峻：《孟子譯注》，北京：中華書局 1960 年版。

12. 楊超、范榮南：《追尋沙漠裏的風：巴丹吉林岩畫研究》，北京：九州出版社 2010 年版。

13. 楊超、劉五一：《岩畫與史前文明》，北京：九州出版社 2010 年版。

14. 葉舒憲：《英雄與太陽——〈吉爾伽美什史詩〉的原型結構與象徵思維》，《民間文學論壇》1986 年第 01 期。

15. 余仰賢：《初探古彩山水裝飾的線條美》，《陶瓷研究》，1988 年第 04 期。

16. 袁小樓：《解讀賀蘭山岩畫與中國繪畫的線條美》，《藝術評論》2018 年第 11 期。

17. 楊超：《聖壇之石：一部歐洲的岩畫學史》，廣州：世界圖書出版廣東有限公司 2013 年版。

18. 尹成偉：《藝術誇張的魅力》，《美術大觀》2013 年第 01 期。

19. 閆月珍、趙輝:《器物之喻與中國書法批評》,《文藝研究》2017 年第 08 期。

20.〔意〕伊曼紐爾·阿納蒂著,陳兆復主編:《阿納蒂論岩畫》,北京:文物出版社 2019 年版。

21. 銀川市賀蘭山岩畫管理處:《賀蘭山岩畫》,上海:上海古籍出版社 2011 年。

22. 楊慧玲:《神化與人格——寧夏人形岩畫》,銀川:黃河出版傳媒集團、寧夏人民出版社 2015 年版。

23. 楊海濤:《中國古代審美意象與神話思維》,《內蒙古社會科學（漢文版）》2008 年第 03 期。

24.（元）饒自然撰,黃公望撰,鄧以哲、馬采標點注釋:《繪宗十二忌·寫山水訣》,北京:人民美術出版社 1959 年版。

25.〔法〕伊·巴丹特爾:《男女論》,陳伏保等譯,長沙:湖南文藝出版社 1988 年版。

26.〔俄〕葉·莫·梅列金斯基:《神話的詩學》,魏慶徵譯,北京:商務印書館 1990 年版。

27.〔英〕約翰·羅斯金:《羅斯金論繪畫:線條、光線和色彩》,李正子、劉迪譯,北京:金城出版社 2018 年版。

28.〔意〕伊曼紐爾·阿納蒂著,陳兆復主編:《阿納蒂論岩畫》,陳兆復譯,北京:文物出版社 2019 年版。

29. 楊慧玲:《神話與人格》,銀川:寧夏人民出版社 2015 年版。

30. 楊超:《論岩畫闡釋中的多元視界》,《東南文化》2010 年第 01 期。

31. 葉舒憲:《神話意象》,北京:北京大學出版社 2007 年版。

32. 葉舒憲:《鷹熊、鴞熊與天熊——鳥獸合體神話意象及其史前起源》,《民族藝術》2010 年第 01 期。

33. 俞建章、葉舒憲:《符號:語言與藝術》,西安:陝西師範大學出版社 2018 年版。

34. 楊寬:《古史新探》,上海:上海人民出版社 2016 年版。

35. 楊超、劉五一:《岩畫與史前文明——2010 岩畫與史前文明國際學術研討會論文集》,北京:九州出版社 2010 年版。

36. 〔蘇〕伊林・謝加爾：《人怎樣變成巨人》，什之譯，濟南：山東新華書店 1949 年版。

Z

1. 趙國華：《生殖崇拜文化論》，北京：中國社會科學出版社 1990 年版。

2. 朱志榮、朱媛著：《中國審美意識通識》（史前卷），北京：人民出版社 2017 年版。

3. 張亞莎：《岩畫學論叢》，北京：中央民族大學出版社 2014 年版。

4. 周積寅：《中國畫論輯要》，南京：江蘇美術出版社 2005 年版。

5. 張晶：《神思：藝術的精靈》，南昌：百花洲文藝出版社 2017 年版。

6. 張弘昕、楊身源：《西方畫論輯要》，南京：江蘇美術出版社 1990 年版。

7. 張雙棣：《淮南子校釋》，北京：北京大學出版社 1997 年版。

8. 朱狄：《信仰時代的文明——中西文化的趨同與差異》，武漢：武漢大學出版社 2008 年版。

9. 宗白華：《中國美學史論集》，合肥：安徽教育出版社 2006 年版。

10. 張光直、徐平芳：《中國文明的形成》，北京：新世界出版社 2004 年版。

11. 《中國美術分類全集》編委會：《中國岩畫全集》，瀋陽：遼寧美術出版社 2006 年版。

12. 宗白華：《藝境》，北京：北京大學出版社 1987 年版。

13. 朱良志：《中國藝術的生命精神》，合肥：安徽教育出版社 1995 年版。

14. 鄭元者：《藝術之根——藝術起源學引論》，長沙：湖南教育出版社 1998 年版。

15. 朱狄：《原始文化研究——對審美發生問題的思考》，北京：生活・讀書・新知三聯書店 1988 年版。

16. 朱狄：《藝術的起源》，北京：中國社會科學出版社 1982 年版。

17. 朱伯雄：《世界美術史》，濟南：山東美術出版社 1987 年版。

18. 政協寧夏石嘴山市委員會編：《石嘴山市文史資料》〔R〕.2008 年版第 11 輯。

19. 中國社會科學院外國文學研究所外國文學研究資料叢刊編輯委員會：《歐美古典作家論現實主義與浪漫主義》，北京：中國社會科學出版社

1980 年版。

20. 朱存明:《漢畫像的象徵世界》,北京:人民文學出版社 2005 年版。

21. 張曉凌:《中國原始藝術精神》,重慶:重慶出版社 1992 年版。

22. 張伯偉:《全唐五代詩格匯考》,南京:江蘇古籍出版社 2002 年版。

23. 張朋川:《黃土上下——美術考古文萃》,濟南:山東畫報出版社 2006 年版。

24. 張哲:《寧夏岩畫》〔M〕,銀川:寧夏人民出版社 2012 年版。

25. 中國社會科學院外國文學研究所外國文學研究資料叢刊編輯委員會:《外國理論家作家論形象思維》,北京:中國社會科學出版社 1979 年版。

26. 朱志榮、石迪:《論新幹大洋洲商代青銅器的審美特徵》,《江西社會科學》2007 年第 07 期。

27. 周郁浩校閱:《徐文長全集》,上海:廣益書局 1936 年版。

28. 趙文江:《中國山水畫與日本風景畫構圖研究》,北京:榮寶齋出版社 2011 年版。

29. 朱立元:《藝術美學辭典》,上海:上海辭書出版社 2012 年版。

30. 中國岩畫研究中心:《岩畫》(第一輯),北京:中央民族大學出版社 1995 年版。

31. 周亮工:《閩小紀》,施鴻保:《閩雜記》,福州:福建人民出版社 1985 年版。

32. 朱存明:《靈感思維與原始文化》,北京:首都師範大學出版社 2016 年版。

33. 朱良志:《〈石濤畫語錄〉講記》,北京:中華書局 2018 年版。

34. 張亞莎:《西藏的岩畫》,西寧:青海人民出版社 2006 年版。

35. 朱立元:《美的感悟》,上海:華東師範大學出版社 2001 年版。

36. 朱志榮:《夏商周美學思想研究》,北京:人民出版社 2009 年版。

37. 朱志榮:《中國藝術哲學》,上海:華東師範大學出版社 2012 年版。

38. 朱媛:《中國岩畫的審美之維》,上海:上海人民出版社 2013 年版。

39. 宗白華:《美學散步》,上海:上海人民出版社 2000 年版。

40. 宗白華:《宗白華全集》,合肥:安徽教育出版社 1994 年版。

41. 朱長超:《人類之謎》,上海:上海遠東出版社 1995 年版。

42. 朱利峰：《環太平洋視域下的中國北方人面岩畫》，北京：中國社會科學出版社 2017 年版。

43. 朱志榮：《中國審美理論》，北京：北京大學出版社 2005 年版。

44. 中共中央馬克思、恩格斯、列寧、斯大林著作編譯局：《馬克思恩格斯選集》，北京：人民出版社 1972 年版。

45. 祖保泉：《司空圖詩品解說》，合肥：安徽人民出版社 1980 年版。

46. 趙憲章：《通過形式闡發意義——趙憲章教授訪談錄》〔R〕《中國中外文藝理論學會通訊》2019 年總第 11 期。

47. 趙振山、牛淑德：《論中國畫線描藝術的寫意與裝飾性表現》，《泰山學院學報》2005 年第 04 期。

48. 朱志榮：《論審美活動中的意象創構》，《文藝理論研究》2016 年第 02 期。

49. 中國社科院考古所內蒙古隊：《內蒙古敖漢旗小山遺址》，《考古》1987 年第 06 期。

50. 朱世學：《土家族地區原始生殖崇拜觀念初探》，《三峽大學學報（人文社會科學版）》2016 年第 03 期。

51. 張琴琴、張俏梅：《論中國畫構圖中的「計白當黑」》，《藝術百家》2013 年第 S2 期。

52. 張永紅：《中國古代蛙紋的象徵意義》，《藝術探索》2009 年第 02 期。

53. 張法：《「線的藝術」說：質疑與反思》，《文藝爭鳴》2018 年第 09 期。

54. 朱志榮、董友：《西周陶器的審美特徵》，《安徽師範大學學報（人文社會科學版）》2007 年第 04 期。

55. 朱志榮：《論中華美學的尚象精神》，《文學評論》2016 年第 03 期。

56. 朱志榮、張嵐：《中國岩畫的線性特徵》，《藝術學界》2009 年第 01 期。

57. 趙丹：《中原地區凹穴岩畫的初步研究》，《中國文化遺產》2017 年第 06 期。

58. 周保欣：《網絡寫作：文學「常變」的道德與美學問題》，《文藝研究》2012 年第 02 期。

59. 張迎勝：《賀蘭山岩畫的文化蘊涵》，《寧夏大學學報（人文社會科學版）》1992 年第 01 期。

60. 張伯偉：《全唐五代詩格匯考》，南京：江蘇古籍出版社 2002 年版。

61. 張仁忠:《中國古代史》,北京:北京大學出版社 2006 年版。

62. 王克榮、邱鍾侖、陳遠璋:《烏蘭察布岩畫》,北京:文物出版社 1988 年版。

63. 朱狄:《雕刻出來的祈禱——原始藝術研究》〔M〕,武漢:武漢大學出版社 2008 年版。

64. 趙養鋒:《中國阿爾泰山岩畫》,西安:陝西人民美術出版社 1987 年版。

65. 周興華:《中衛岩畫》,銀川:寧夏人民出版社 1991 年版。

66. 朱媛:《中國岩畫中「點」的審美特徵》,《文藝爭鳴》2010 年第 10 期。

67. (唐)張讀撰,蕭逸校點,裴鉶傳奇,(唐)裴鉶撰,田松青校點:《宣室志》,上海:上海古籍出版社 2012 年版。

68. 周予同:《「孝」與「生殖崇拜」》,上海:上海古籍出版社 1982 年版。

69. 再萌:《論原始美術中的「手形」問題》,《美術縱橫》1982 年第 1 輯。

70. 張映輝:《繪畫境界生成論:傳統畫境與現當代實踐》,北京:清華大學出版社 2013 年版。

71. (唐)張讀撰,蕭逸校點,裴鉶傳奇,(唐)裴鉶撰,田松青校點:《宣室志》,上海:上海古籍出版社 2012 年版。

72. (清)鄭績著,葉子卿點校:《夢幻居畫學簡明論畫》,杭州:浙江人民美術出版社 2017 年版。

73. (清)鄒一桂著,王其和點校、纂注:《小山畫譜》,濟南:山東畫報出版社 2009 年版。

74. 〔清〕鄭燮:《鄭板橋集》,上海:上海古籍出版社 1962 年版。

75. (後漢)趙曄撰,薛耀天譯注:《吳越春秋譯注》,天津:天津古籍出版社 1992 年。

76. (唐)張彥遠著,俞劍華注釋:《歷代名畫記》,南京:江蘇美術出版社 2007 年版。

77. (南朝·宋)宗炳、王微著,陳傳席譯解,吳焯校訂:《畫山水序 敘畫》,北京:人民美術出版社 1985 年版。

78. 朱志榮:《商代審美意識研究》,北京:人民出版社 2002 年版。

79. 張蘭芳:《中國古代藝術風格論》,太原:山西教育出版社 2017 年版。

80. 鍾敬文:《關於民間藝術——〈藝風·民間專號〉卷頭語》,《鍾敬文文集》

（民俗學卷），合肥：安徽教育出版社 1999 年版。

81.（唐）張讀撰，蕭逸校點；（唐）裴鉶撰，田松青校點：《宣室志 裴鉶傳奇》，上海：上海古籍出版社 2012 年版。

82. 周亮工撰，施鴻保撰，來新夏校點：《閩小紀・閩雜記》（卷九・蛇簪），福州：福建人民出版社 1985 年版。

83. 朱媛：《中國岩畫線條的審美特徵》，《北京理工大學學報（社會科學版）》2010 年 6 月第 12 卷第 3 期。

84. 朱媛：《論中國岩畫的取象規則》，《北京理工大學學報（社會科學版）》2013 年 12 月第 15 卷第 6 期。

85. 朱良志：《「象」——中國藝術論的基元》，《文藝研究》1988 年第 06 期。

86. 朱立元：《從審美意象到語言文字——試論作家的意象——語符思維》，《天津社會科學》1989 年第 04 期。

87. 張曉東、生海鵬：《嘉峪關黑山岩畫圖錄》，蘭州：甘肅文化出版社 2016 年版。

88. 張學智：《寧夏岩畫藝術》，銀川：寧夏人民出版社 2018 年版。

89. 周菁葆：《絲綢之路岩畫藝術》，烏魯木齊：新疆人民出版社 1993 年版。

90.〔法〕朱利安：《大象無形：或論繪畫之非客體》，張穎譯，鄭州：河南大學出版社 2017 年版。

91. 中共中央宣傳部編：《習近平總書記在文藝工作座談會上的重要講話學習讀本》，北京：學習出版社 2015 年版。

92. 趙國華：《生殖崇拜文化略論》，《中國社會科學》1988 年第 01 期。

93.（唐）張彥遠著，范祥雍點校：《法書要錄》，北京：人民美術出版社 1984 年版。

94. 朱良志：《中國藝術的生命精神》，合肥：安徽文藝出版社 2020 年版。

95. 朱良志：《扁舟一葉：畫學與理學研究》，合肥：安徽文藝出版社 2020 年版。

後　記

這是在我的博士論文基礎上進行修改並出版的。

寫到這裡，論文完成了一半了，我在華東師範大學圖書館五樓透過窗子向外看去，外面燈火通明，那已經是晚上二十一點五十了，此時，我依然在寫我的論文，雖然圖書館離館的音樂響起，這個時候我要儘量用好每一分鐘、每一秒鐘，努力去完成這篇博士論文。

論文的撰寫是一個艱苦的過程，這一篇論文從開題到論文初稿，基本上延續了四年，一步一步地向前推進。論文初稿寫完之後，在導師的帶領下反反覆覆修改了很多遍，我自己也修改了很多遍，在同門的幫助下也修改了多遍，反正我已經數不過來了，對這篇論文的用心遠遠大於任何事情。在寫過程中，不斷將新的知識點與實物圖像相互印證，每出版一本新書或發現一本書，都會引起我的高度重視。

這篇論文從博士一年級，我的導師就根據我的實際與學生商定了論文範圍，以中國史前岩畫藝術的審美特徵為主要研究對象，那個時候，我去買了一套《中國岩畫全集》（五卷本），並且在沒有課的時候就在宿舍看圖、分析圖或者去實地考察，並利用文字和照片的形式記錄下來。雖然圖片沒有全部分析完，但是當時也撰寫了 30 多萬字，這 30 多萬字為以後的這篇論文打下了堅實的基礎。從二年級到三年級我又連續寫了十幾篇論文，基於不同岩畫的視角，如岩畫中的男女生殖崇拜圖像、原始岩畫的宗教性、岩畫的藝術性等等。

我的這篇論文是基於中國史前岩畫藝術的審美作為研究對象，以岩畫圖像為基礎來建構中國史前岩畫藝術的審美特徵體系。從第一章到最後一張，

基本上以藝術視角對岩畫審美進行分析。我個人認為，藝術審美需要有圖像支撐，圖像是基礎，沒有圖像審美特徵無法建構，圖像是如何被創構的呢？這就涉及到先民對線條、造型、構圖以及審美意象的建構。當然，我的論文不光是從藝術視角來寫這篇論文，還從宗教、民族、人類、民俗、神話等視角相互穿插在其中，相互印證，相互推動。

首先，感謝我的恩師朱志榮教授，他在我的心裏就如同父親一樣對我嚴格要求。在這四年，導師認真訓練我如何寫論文，如何做科研。導師給我們講完之後，本人就認真地貫徹導師所講的內容，並作為指引我寫論文的重要標準。從題目的選定、摘要、關鍵字（詞）、引言、正文的邏輯、結語、參考文獻以及標點符號都做了嚴格的要求。在我寫這篇論文的時候，導師在工作繁忙的時間裏，擠出時間專門給我指導和提出意見，並與其他同門一起經常探討我的論文的結構、邏輯以及句子等問題。因此，對於這篇畢業論文，從選題方向到提綱的設定與修改全程都在老師的悉心指導下完成的，也都傾注了導師對學生的關心和愛護。無論從各個章或節以及邏輯結構都悉心的指導，逐字逐句的對文章進行核對，感謝您對學生的信任和支持，感謝恩師！感謝師母！

在我攻讀博士的四年裏，恩師對我是嚴格要求，給我們講述他做學術的方法和在科研的過程中積累的一些經驗，這讓我們受益匪淺，讓我們在上學的過程中，既能學到本專業的知識，又能學到以後走上工作崗位所需要的工作能力和科研能力。對我來說，四年來，我積極學習恩師身上的嚴謹、認真、嚴格、友好、信任和能力（科研和工作），更讓我體會到了恩師身上所散發的學者風範。感謝恩師！

其次，感謝華東師範大學中文系給我們授課的朱國華教授、王峰教授、湯擁華教授、竺洪波教授、殷國明教授、彭國忠教授等老師，是他們將自己所掌握的知識細心而又有耐心的傳授給我們。此外，也感謝華東師範大學中文系的其他領導、老師以及同學對本人的關心和幫助，在這裡一併予以感謝。

再次，就是感謝我的師姐、師哥以及各位同門。在我撰寫論文的過程中，師哥、師姐以及各位同門給我提出了一些很好的修改意見，是他（她）們為我無私奉獻，犧牲了個人的寶貴時間，是他們幫助我的論文在內容、結構、邏輯等方面更上一個層次，本人由衷的感謝他（她）們，並向他（她）們致以崇高的敬意！如王懷義、朱媛、蘭芳、高帆、馬宏奎、杜超、初嬌嬌、王中棟、

李新、郁薇薇、趙靜潔、江婷、唐詩傑等各位同門。還要感謝湖北汽車工業學院的朱煒副教授以及廣西民族博物館肖波副研究員的大力支持和幫助。他（她）們積極地為我的論文建言獻策，糾正我論文中出現的問題，並提出一些能為整個文章向前推進的良好計策，本人在這裡非常感謝他（她）們！

　　這四年其實讓我最想感謝的人是我的父母、兩位姐姐還有我的妻與子。這四年來，我在上海，父母在山東沂蒙山區，我很少去看望他們，只是偶而打打電話，有些事情煩請兩位姐姐多回去看看兩位老人，因此，內心很感謝兩位姐姐對父母的照顧。當我從 2016 年來上海讀書，夫人和孩子就回到岳母岳父那邊了，這四年，我沒有盡到當父親的責任，更失去了好好陪孩子的黃金時段，更沒有好好陪夫人，讓夫人為整個家庭和我付出了很多很多，所以，感謝夫人為我的付出，我銘記於心。

　　最後感謝所有關心和幫助我的人，是你們默默的支持我的工作和學習，是你們以大愛無疆的奉獻精神支持著我，是你們讓我安心寫論文，修改論文，安心學習，安心工作，是你們在每時每刻為我的進步默默的鋪路，是你們……

　　感謝各位！感謝有你！

劉程

於 2019 年 11 月於華師閔行校區圖書館